『하나님을 알도록 초대받다: 신명기』에서는 신명기가 오직 하나님을 아는 일에 관한 내용을 다루는 책임을 보여 준다. 이 책은 마치 신적인 시간 여행의 통로와 같아서, 우리를 옛적부터 계시는 그분의 거룩한 임재 앞으로 인도한다. 그러므로 하나님을 잘 알기 위해서는 신명기를 더 깊이 숙고할 필요가 있다. 신명기는 그저 낯선 고대의 율법들로 가득 찬 낡고 진부한 책이 아니다. 우리 신자들이 하나님을 더 잘 알아 가도록 초대하며, 생명의 길을 택하고 그분의 사랑과 지혜로운 손길 아래서 번영을 누릴 것을 촉구한다.

신명기에 나오는 이 율법들을 통해, 하나님은 방황하는 우리의 마음을 그분 자신께로 붙들어 매신다.

Copyright ⓒ 2019 A. J. Culp
Originally published in English under the title
Invited to Know God: The Book of Deuteronomy
by Lexham Press, 1313 Commercial St., Bellingham, WA 98225, U.S.A.
All rights reserved.

Translated and used by permission of Lexham Press.

This Korean Edition Copyright ⓒ 2024 by Jireh Publishing Company,
Goyang-si, Gyeonggi-do, Republic of Korea.

이 한국어판 저작권은 Lexham Press와 독점 계약한 이레서원에 있습니다.
신저작권법에 의하여 한국 내에서 보호받는 저작물이므로 무단 전재와 무단 복제를 금합니다.

하나님을 알도록 초대받다: 신명기

Invited to Know God: The Book of Deuteronomy

하나님을 알도록 초대받다: 신명기
Invited to Know God: The Book of Deuteronomy

A. J. 컬프 지음
송동민 옮김

초판 1쇄 인쇄 2024년 6월 10일
초판 1쇄 발행 2024년 6월 20일

발행처   도서출판 이레서원
발행인   문영이
출판신고   2005년 9월 13일 제2015-000099호

기획, 마케팅 신창윤
편집 송혜숙
총무 곽현자

경기도 고양시 일산동구 백석로 71번길 46, 1층 1호
Tel. 02)402-3238, 406-3273 / Fax. 02)401-3387
E-mail: Jireh@changjisa.com
Facebook: facebook.com/jirehpub

책값은 표지에 있습니다.

ISBN 978-89-7435-658-3 04230
ISBN 978-89-7435-500-5 04230 (세트)

신저작권법에 의해 한국 내에서 보호받는 저작물이므로 저작권자의 서면 허락 없이 이 책의 어떠한 부분이라도 전자적인 혹은 기계적인 형태나 방법을 포함해서 그 어떤 형태로든 무단 전재하거나 무단 복제하는 것을 금합니다.

13 일상을 변화시키는 말씀

하나님을 알도록 초대받다

: 신명기

Invited to Know God
The Book of Deuteronomy

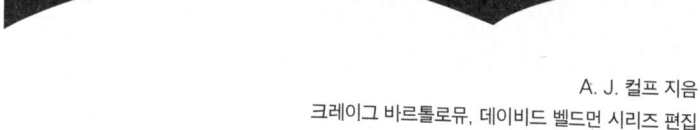

A. J. 컬프 지음
크레이그 바르톨로뮤, 데이비드 벨드먼 시리즈 편집
송동민 옮김

이레서원

주의 귀한 은혜받고
일생 빚진 자 되네
주의 은혜 사슬 되사
나를 주께 매소서

Oh to grace how great a debtor
daily I'm constrained to be
Let thy goodness like a fetter
bind my wandering heart to thee

"복의 근원 강림하사" (Come Thou Fount of Every Blessing)
E. 마거릿 클락슨 (E. Margaret Clarkson)

목차

1장 해석의 관점 • **9**

2장 신명기 개관 • **15**

3장 1-4장: 하나님을 아는 방편 – 기억 • **29**

4장 5-11장: 하나님을 아는 방편 – 예배 • **45**

5장 12-26장: 하나님을 아는 방편 – 율법 • **66**

6장 27-34장: 하나님을 아는 방편 – 언약 • **83**

7장 예수님과 신명기: 하나님을 아는 방편 – 은혜 • **99**

결론 • **114**

추천 도서 • **119**

내 아이들에게

사랑하는 일라이저야,
너는 세상을 동행하는
내 영혼의 작은 일부와도 같단다.

사랑하는 하닷사야,
삶의 가장 큰 마법은
아빠를 향한 어린 딸의 사랑에 있단다.

1장

해석의 관점

나는 한 가지 예화를 들면서 이 책의 논의를 시작하려고 한다. 찰스 디킨스의 소설 『크리스마스 캐럴』(*A Christmas Carol*)에서 가져온 이야기다. 아마 여러분은 그 줄거리를 기억할 것이다. 소설에서는 지독한 구두쇠인 에베네절 스크루지가 원치 않게 어떤 모험에 휘말린다. 과거와 현재, 미래를 대표하는 세 명의 크리스마스 유령들이 그를 이리저리로 데리고 돌아다녔던 것이다. 지금 이 책의 논의를 위해서는, 그중 현재의 유령에 관한 내용이 특히 유익하다.

유령은 녹색 가운을 입은 유쾌한 거인의 모습으로 등장한다. 그는 머리에 호랑가시나무로 만든 화관을 썼으며, 허리에는 낡은 빈 칼집을 차고 있다. 그리고 성대한 연회장 한가운데 앉아서 풍요의 상징처럼 여겨지는 횃불을 높이 들고 있다. 난로에는 불이 활활 타오르고 있고, 방 안에는 '초록빛의' 담쟁이와 장식용 나무들이 여기저기 있으며, '밝게 빛나는' 베리 열매들이 무성히 달려 있어서 마치 하나의 정원을 보는 듯하다. 스크루지가 방 안을 조심스럽게 살필 무렵, 유령이 소리친다. "친구여, 이리 와서 내가 누구인지 더 자세히 살펴보게나!" 그런 다음에 유령은 그를 도시 곳곳으로 데리고 다니면서 그 시간에 진행 중인 일들을 목격하게 한다. 이때 스크루지는 주로 다음의 두 장면을 보게 된다: 기쁨에 차서 파티를 즐기는 이들과, 결핍과 절망에 시달리는 이들이다.

이야기의 끝부분에서는 크래칫 씨 가족의 가슴 아픈 상황이 그려진다. 유령이 말한다. "저 초라한 벽난로 옆에 빈자리가 하나 보이는군. 주인 없는 목발도 놓여 있다네. 이 음울한 풍경이 미래에도 달라지지 않는다면, 저 아이는 죽고 말 걸세." 불쌍하고 가여운 팀이 어린 나이에 죽는다고 생각하자 스크루지가 부르짖는다. "아니야, 안 돼. … 오, 자비로운 유령이시여! 저 아이가 목숨을 건질 것이라고 말씀해 주십시오." 하지만 유령은 스크루지가 그날 낮에 지껄였던 말을 되돌려줄 뿐이었다. "만약 저들이 저렇게 죽을 팔자라면 그렇게 되어야지. 그래야 남아도는 인구가 조금이라도 줄지 않겠어?"

밤이 깊어 가면서, 스크루지는 유령이 점점 나이 든 모습으로 변하고 있음을 알아차린다. 이윽고 자정 무렵, 유령은 초췌한 백발의 노인이 되어 있었다. 그리고 스크루지의 곁을 떠나기 전, 유령은 섬뜩한 모습의 두 아이가 유령의 옷자락을 붙잡고 있는 환영을 보여 준다. 유령에 따르면, 두 아이의 환영은 인류의 두 가지 허물인 무지와 결핍을 상징했다. 유령이 스크루지에게 특히 '무지'라는 아이를 조심하라고 경고한다. 그 아이의 이마에는 이렇게 쓰여 있었다: "돌이키지 않으면 파멸뿐이다." 그러고 나서 유령은 홀연히 사라졌다.

  이 유령의 메시지가 우리 앞에도 생생히 울려 퍼진다. 곧 **지금**이 행동할 때라는 것이다. 현재는 과거와 미래 사이에 놓인 하나의 갈림길과 같다. 만약 내가 달라지지 않는다면, 과거의 실수들은 결국 내 삶을 억누르는 하나의 족쇄가 되고 만다. 하지만 지금 어떤 행동을 취한다면, 더 밝은 미래를 기대할 수 있다. 유령이 스크루지를 향해 소리쳤던 말을 다시 들어 보자. "친구여, 이리 와서 나를 자세히 살펴보게나!" 그가 앉아 있던 연회장과 생명력 넘치는 초록 식물들, 그리고 (평화를 의미하는) '빈 칼집'으로 상징되는 생명과 번영의 길을 선택하라는 부름이었다. 하지만 이와 동시에, 유령의 말에는 생생한 경고도 담겨 있었다. 스크루지가 돌이키지 않는다면, 비참한 삶의 모습들이 결국 현실이 되리라는 예고였다. 유령이 사라진 뒤에도, 그 메시지는 여전히 우리 앞에 남아 있다:

"바로 **지금**이 행동할 때다."

> **신명기의 개요**
> - **1-4장:** 출애굽 후 이스라엘 백성이 하나님과 동행해 온 삶의 여정에 대한 개관
> - **5-11장:** 이스라엘 백성이 어떻게 하나님의 백성답게 살아야 할지에 관한 가르침
> - **12-26장:** 하나님의 백성다운 삶의 본질에 대한 세부 지침
> - **27-34장:** 모세가 죽은 뒤에도 백성이 신실하게 살아가게끔 준비시키는 권고와 당부

현재의 유령이 나오는 이 작은 이야기는 신명기의 메시지에 대한 일종의 비유와 같으며, 특히 다음의 세 요소를 주목할 만하다.

1. 초대: 소설 속의 유령과 마찬가지로, 주 하나님은 이스라엘 백성을 향해 초대의 말씀을 건네신다: "이리 와서 나를 더 자세히 살펴보아라!" 신명기의 중심에는 바로 이 '하나님을 **참되게** 아는 일'에 대한 관심이 자리 잡고 있다. 디킨스의 소설처럼, 신명기의 관점에서 그러한 앎은 우리를 (그저 형식적인 경건의 수준을 넘어서는) 의로운 삶과 윤리적 실천으로 인도한다.

2. 현재의 부름: 유령이 그렇게 했듯이, 신명기는 지난날의 좋았던 일들과 나빴던 일들을 되새기는 여정으로 청중인 이스라엘 백성을 인도한다. 여정의 초점은 **지금** 그들이 영위하는 삶의 모습을 바꿀 필요성을 일깨우는 데 있다. "이제 생명을 선택하라"(30:19,

NIV).

3. 두려움과 번영: 유령과 마찬가지로, 신명기의 주된 목표는 청중을 선하고 복된 삶으로 초대하는 것이다. 소설 속에서 연회장이 따뜻한 음식과 밝은 빛, 생명력 넘치는 초록의 나무들로 가득 차 있었듯이, 신명기는 백성이 약속의 땅에서 풍성한 삶을 누릴 미래의 가능성을 보여 준다. 하지만 '주인 없는 목발'의 이미지처럼, 본문에서는 백성이 약속의 땅에서 사라질 가능성, 곧 망가지고 추방되어 하나님께로부터 멀어져 소외될 가능성 역시 언급한다.

신명기를 대할 때, 위의 세 요소를 염두에 두면 큰 유익을 얻을 수 있다. 이제 그 본문에서 우리를 부르시는 하나님의 음성을 들어보자. "이리 와서 내가 누구인지를 더 자세히 알아보아라!"

| 읽 어 볼 글 들 |

- 신명기 4:1-40
- 신명기 30:1-11

| 생 각 해 볼 질 문 |

01 성경을 '하나님께 나아가 그분을 더 자세히 알아보라'는 하나의 초대로 여겨 본 적이 있는가? 이 관점을 좇을 때, 신명기를 대하는 태도는 어떻게 달라지겠는가?

_____

_____

02 이러한 관점에서 살필 때, 위의 신명기 본문들은 당신을 어디로 초대하는가? 다시 말해, 그것은 어떤 종류의 초대인가?

_____

_____

03 신명기에 담긴 이 초대의 목적은 무엇인가?

_____

_____

신명기 개관

 신자들은 하나님을 더 잘 알고 싶어 한다. 하지만 신명기를 읽는 일로는 그것이 어렵다고 생각한다. 어떤 이들의 눈에는 이 책이 마치 고대의 여행 기록부터 율법에 이르기까지 잡다한 자료들의 모음집처럼 보이기도 할 것이다. 그리고 거기에 나오는 자료 중 어떤 것도 오늘날 우리의 삶에 그다지 도움이 되는 것 같지도 않다. 하지만 앞으로 살펴보겠지만, 신명기는 잡다하고 고리타분한 내용과는 거리가 멀다. 오히려 각 세대가 살아 계신 성경의 하나님을 새로이 만나게끔 도우려는 목적으로 기록되었다. 신명기는 다음의 두 방식으로 그 과업을 이행한다. 첫째, 각 세대의 독자들에게 하나의 초대를 제시한다. "하나님 앞에 나아와서 그분을 더 자세히 알아 가라." 둘째, 신명기에서는 우리가 이 초대에 응답하도록 여러 방편을 제공한다. 이 책 『하나님을 알도록 초대받다: 신명기』의 목적은 바로 이 하나님을 알아 가는 방편 중 일부를 살피는 데 있다. 그럼으로써 우리는 신명기의 부름에 충실히 응답하게 될 것이다.

설교로서의 신명기

신명기를 이해하는 첫 단계는 하나의 중대한 오해를 바로잡는 것이다. 신명기가 일종의 율법서라는 오해다. 물론 신명기의 내용에는 율법이 포함되어 있으며, 어떤 의미에서는 율법을 중심으로 모든 교훈이 전개된다. 하지만 그 책 자체는 하나의 율법서가 아니다. 이스라엘의 주님이신 여호와 하나님을 사랑하고 섬기는 일을 다룬 내용이다. 그분은 백성을 애굽의 종살이에서 건져 냈으며, 시내산에서 그들과 언약을 맺고 자신을 그들과의 관계 안에 결속시키셨다. 그렇기에 신명기는 복음과 대립하지 않는다. 오히려 복음의 메시지를 드러내는 일종의 본보기다. 실제로 신명기의 논리는 신약의 것과 매우 동일하다. "하나님이 은혜로 너희를 구원하셨으니, 이제는 이렇게 살아가야 한다." 구약의 관점에서, 하나님의 백성다운 이 삶의 방식은 율법에 순종하는 데서 시작된다. 그런데 신명기에서는 그저 율법의 내용을 반복하는 데 그치지 않고, 과거에 하나님이 베푸신 자비와 긍휼을 일깨움으로써 백성이 기꺼이 율법을 따르도록 인도한다.

신명기의 내용을 파악하는 데 도움이 되는 비유가 있다. '교회를 개척해서 오랫동안 사역한 뒤, 자신의 생애가 얼마 남지 않았음을 알게 된 목회자의 마지막 메시지.' 이제 목회자는 자신이 세상을 떠난 뒤 성도들이 하나님 앞에서 어떻게 살아가야 할지에 대해 마지막 교훈을 남기고자 한다. 성도들과 함께해 온 오랜 세월을 돌아보면서, 그는 하나님이 그 공동체를 신실하게 돌보아 오신 일들을 강조한다. 그리고 그들의 성공과 실패가 남긴 교훈을 일깨워 준다. 그는 성경과 교회 헌법을 언급하지만, 목적은 그 문서들의 어구 자체를 반복하려는 것이 아니다. 다만 그 조항들의 내용을 해설하여 참뜻을 밝히고, 자신이 없을 때에도 성도들이 그 교훈에 순종하게끔 격려하고자 함이다. 마침내 설교를 마쳤을 때, 목회자는 설교문 사본을 교회 장로들에게 전달하여, 하나님 앞에서 살아가는 삶에 관한 자신의 마지막 권면이 담긴 사본을 장로들이 잘 보존해 주기를 바란다.

일반적인 통념과 달리, 신명기는 이처럼 하나의 율법서가 아니다. 일종의 설교, 곧 율법에 대한 해설이다. 하나님은 신실함과 인내로 이스라엘 백성을 인도해 온 모세를 향해, 그가 약속의 땅에 입성하기 전에 죽음을 맞으리라고 말씀하셨다. 모압 평원에서 요단강 너머의 가나안 땅을 바라보는 지금, 모세는 자신의 때가 얼마 남지 않았음을 알고 있었다. 그리하여 그는 고별 설교를 백성에게 전했다. 여호와 하나님과 이스라엘 백성 사이의 언약 관계가 지닌 본성과 내용을 다시 상기시키고는 율법의 목표가 오직 '주님을 사랑하는 법을 배워 가는' 것임을 일깨운다.

모세의 설교는 그저 일회적인 사건에 그치지 않았다. 그는 설교 내용을 글로 기록해서 보관하라고 지시했다. 그 메시지가 이스라엘 백성의 삶에서 지속적인 역할을 감당하기를 바랐기 때문이다. 신명기 31장 10-11절과 24-26절에서는 그 역할의 단면을 볼 수 있다. 본문에서, 모세는 제사장과 레위인들을 향해 언약궤 옆에 설교문의 사본을 두고 정기적으로 낭독하라고 명령한다. 십계명이 든 언약궤 옆에 사본을 두게 한 일은 신명기의 역할이 무엇인지를 잘 보여 준다. 곧 이스라엘 백성이 하나님과 맺은 언약의 성격을 드러내며, 그들로 하여금 다음의 구절에 담긴 언약의 핵심을 지키도록 촉구하고자 함이다. "이스라엘아 들으라 우리 하나님 여호와는 오직 유일한 여호와이시니 너는 마음을 다하고 뜻을 다하고 힘을 다하여 네 하나님 여호와를 사랑하라"(6:4-5). 이스라엘 백성은 세대마다 주님을 사랑하고 섬기라고 당부하는 모세의 음성을 늘 '들어야' 했다.

조약으로서의 신명기

신명기를 모세의 고별 설교로 받아들일 때, 염두에 두어야 할 또 하나의 중요한 요소가 있다. 본문의 형식이다. 우리에게는 익숙하지 않지만, 신명기는 '봉신 조약'이라고 부르는 고대 문서의 관습적인 형식을 좇아 기록되었다. 고대 세계에서, 이 조약은 다음의 두 당사자 사이에 체결되었다. 더 강한 자(군주 또는 지배자)와 약한 자(봉신 또는 노예). 당시 제국들은 종종 이 조약을 이용해서 소규모 민족 집단들과의 관계를 규정했다. 조약 문서는 두 당사자의 관계를 공식화한 것으로, 관계의 역사적인 개요와 앞으로의 기대가 담겨 있었다.

> 주전 1600-1200년경, 히타이트 제국은 오늘날의 튀르키예와 그 남부의 시리아 지역까지 확장되어 있었다. 히타이트족은 다양한 문서로 자신들의 국정을 관리했는데, 그중 다수가 점토판에 기록되어 각 도시의 문서 창고에 보관되어 있었다. 현대의 고고학자들은 제국의 수도였던 하투사에서 삼만 개에 이르는 토판들을 발굴해 냈으며, 그중에는 히타이트족과 그들이 다스리던 여러 왕국 사이의 조약 문서도 포함되어 있다. 이 문서들이 귀한 가치를 갖는 이유는 신명기의 문서적인 특성을 이해하기 위한 역사적 배경을 제공하기 때문이다. 외적인 측면에서, 신명기는 그 문서들의 형식을 좇아 기록된 것으로 보인다.

히타이트 조약 문서	신명기
전문	1:1-5
역사적인 개요	1:6-4:49
일반적인 규정	5-11장

구체적인 규정	12-26장
문서 보관에 대한 지침	31:24-26
공중 낭독에 대한 지침	31:10-13
증인들	31:19, 26, 28
축복	28:1-14
저주	28:15-68

신명기의 독특성은 이 정치적인 조약의 형식에 근거해서 종교적인 내용, 곧 여호와 하나님과 이스라엘 백성의 관계를 진술한다는 것이다. 신명기에서 하나님은 군주로, 이스라엘은 그분의 봉신으로 묘사된다. 그리고 본문 전체의 내용은 이에 부합하게 전개된다. 먼저 1-4장에서는 여호와 하나님과 이스라엘 백성의 관계에 대한 역사적인 개요를 서술한다. 개요는 하나님이 애굽에서 백성을 건져 내신 때로부터 시작되어, 그들이 모압 평원에서 약속의 땅을 바라보는 당시의 순간까지로 이어진다. 이 이야기의 흐름 속에서, 두 당사자의 모습이 생생히 드러난다: 선하고 신실하신 하나님과 고집 세고 변덕스러운 이스라엘 백성.

5-26장에서는 율법의 일반적인 규정(5-11장)과 구체적인 규정(12-26장)을 개괄적으로 서술한다. 이때 규정들의 첫 부분(5장)에서 십계명이 제시되는 것은 우연이 아니다. 십계명은 언약 백성을 위한 일종의 헌법과 같기 때문이다. 그리고 십계명과 이후의 규정

을 다룬 단락들 모두에서, 백성의 윤리적인 삶을 논하기 전에 먼저 하나님을 향한 예배를 다루는 것도 우연이 아니다(5:6-11; 6:4-5; 12:1-32). 본문의 이 구조는 '바른 예배가 바른 삶의 원천'이라는 신명기의 근본 사상을 보여 준다.

27-28장에서는, 이스라엘 백성이 약속의 땅에 들어가서 행할 언약 갱신 의식에 관한 지침들을 제시한다(27장). 그다음에는 언약에 수반되는 축복과 저주들이 열거된다(28장). 그들이 늘 하나님을 사랑하고 그분의 율법을 지킨다면, 그 땅에서 번성하는 복을 누리게 될 것이다. 하지만 그리하지 않을 때는 언약의 저주 아래 놓이고 만다. 그들의 삶에 고통이 찾아오고 땅이 황폐해지며, 마침내는 그곳에서 추방되고 말 것이다. 조약의 끝부분에서 제시되는 중요한 항목은 소위 '문서 조항'(document clause)인데, 여기에는 그 문서를 보관하고 정기적으로 낭독하는 일에 관한 세부 지침이 담겨 있었다. 백성이 조약의 내용을 듣고 자신들의 군주이신 하나님께 다시 헌신하는 이 의식을 통해, 하나님과 이스라엘 사이의 언약 관계가 늘 새롭게 유지되었던 것이다. 31장 10-13절과 24-26절에 이런 요소들이 나오고, 이 구절들에서는 적어도 칠 년마다 신명기의 조약문을 온 백성 앞에서 낭독하라고 지시한다.

이때 하나님과 이스라엘 백성 간의 언약의 성격을 가장 잘 드러내 주는 것은 아마 다음의 두 요소일 것이다: 역사적인 개요(1-

4장)와 축복(28장). 이 본문들에서는 하나님이 어떤 식으로 백성의 순종을 이끌어 내려고 하셨는지가 잘 나타난다. 고대 세계에는 다양한 유형의 조약이 있었다. 그중 하나는 앗수르 방식의 조약이었고, 이 조약문에는 역사적인 개요나 축복이 포함되어 있지 않았다. 그저 징벌의 위협과 저주만이 가득했을 뿐이다. 따라서 이 조약은 두려움에 기반을 두었다고 알려져 있다. 백성의 공포심을 이용해서 복종을 유도했던 것이다. 그리고 또 다른 유형의 조약으로는 히타이트족의 것이 있었다. 이 조약에도 저주가 나오기는 하지만, 역사적인 개요와 축복을 더 중시한다. 백성의 자발적인 충성과 헌신을 이끌어 내려는 의도다. 이 조약에서는 과거의 자비를 상기시키고 미래에 임할 복을 약속함으로써, 백성이 늘 군주를 사랑하고 섬기게끔 인도하려 했다.

그리고 신명기에서도, 역사적인 개요와 축복을 통해 여호와 하나님과 이스라엘 백성의 관계가 사랑에 근거했음을 드러낸다. 신명기는 백성이 하나님께 순복해야 할 이유를 밝힌다. "여호와께서 네 조상들을 사랑하신 고로 그 후손인 너를 택하시고 큰 권능으로 친히 인도하여 애굽에서 나오게 하[셨다]"(4:37). 달리 말하자면, 주 하나님이 백성에게 늘 선을 베푸시고 복된 미래를 약속해 주셨다는 것이다. 그러므로 그들도 그분을 사랑하고 섬겨야 한다. 신명기의 메시지는 요한일서 4장 19절에 나오는 가르침에서도 잘 드러난다. "우리가 사랑함은 그가 먼저 우리를 사랑하셨음이라."

주의 은혜 사슬 되사

하지만 오늘날 많은 성도가 신명기에서 우리를 향해 말씀하시는 하나님의 음성을 분별하는 것을 어려워한다. 우리는 누군가와 '조약을 맺는다'는 기록에 그리 감동을 받지 않으며, 설령 상대편이 하나님일지라도 그러하다. 그리고 일종의 '조약 문서'를 읽는 일이 내 일상에 특별한 깨달음을 준다고 여기기도 어렵다. 물론 이런 지적들은 정당하며, 이 책의 논의에서 그것들을 계속 다루어 볼 것이다. 다만 여기서는 다음의 핵심 구분을 염두에 둘 필요가 있다. '신명기는 조약이 아닌 하나의 언약'이라는 것이다.

물론 신명기는 고대 조약의 형식과 표현법을 채택하고 있다. 하지만 그것 자체가 하나의 조약은 아니다. 오히려 조약 체결을 위한 당시의 관행을 가져다가 종교적인 언약 체결에 활용한다. 즉 신명기의 형식은 일종의 정치 조약과 유사하다. 하지만 실질적인 내용은 하나의 종교적인 언약이다. 때로 이러한 지적은 사소하게 보일 수 있지만, 실제로는 매우 중요하다. 종교적인 언약은 정치 조약들과 크게 다르기 때문이다.

성경의 관점에서, '언약'(*berit*)은 곧 사람과 사람 혹은 하나님과 사람 사이의 공적인 약속을 뜻한다. 아브라함과 아비멜렉 사이의 언약(창 21:22-34)이나, 하나님과 아브라함의 언약(창 15, 17장)을 떠올려 볼 수 있다. 이에 반해, '조약'은 이집트나 히타이트 같은 국가들 간의 합의를 가리킨다. 두 개념의 주된 차이점은 그것이 작동하는 영역의 성격에 있다. 조약은 정치의 영역에서 존재하는 반면, 언약은 인격체들 간의 관계 속에서 이루어진다.

그러므로 신명기의 문제들은 정치적이 아니라 인격적인 성격을 띤다. 이스라엘 백성을 향한 여호와 하나님의 부르심은 이전의 인물들을 상대로 주셨던 약속의 연속선상에 있다. 아브라함과 이삭, 야곱 등이다. 따라서 신명기는 아브라함의 삶에서 시작되어 야곱에게로 이어진 언약을 확증하며 재서술한다. 이 언약 관계는 계속 확장되어 다윗 왕조로 이어지며, 마침내 새 언약에 이른다. 그리고 우리는 새 언약을 통해, 하나님과 그분의 백성 간의 오래된 관계 가운데로 들어가게 된다. 다만 그때나 지금이나 신명기의 요점은 동일하다. 언약의 주인이신 하나님과의 **관계** 속으로 우리를 초대한다는 것이다.

여기서 이러한 의문을 품을 수 있다. '신명기에서 굳이 정치적인 표현법을 써서 하나님과의 인격적인 관계를 서술한 이유는 무엇일까?' 조약의 어법이 자칫 하나님과 백성 사이의 언약 개념 자체를 훼손할 수도 있지 않을까? 물론 이유를 여러모로 막연히 추측해 볼 뿐이다. 다만 내게는 구약학자 피터 크레이기의 주장이 상당히 설득력 있게 다가왔다.[1] 그에 따르면, 이유는 곧 이전에 애굽의 노예로 있었던 이스라엘 백성의 정체성에 있다. 백성이 애굽에서 종살이할 당시에 그 제국은 봉신 조약을 활용했기에, 이스라엘 백성 역시 그런 조약 아래 있었을 가능성이 높다는 것이다. 애굽의 바로는 조약의 주군이고 이스라엘 백성은 그의 봉신이며, 그 조약에는 여러 냉혹하고 까다로운 요구들이 담겨 있었다. 그러나 주님은 크신 능력으로 백성을 애굽의 속박에서 해방하셨으며, 그들에게 친숙한 표현 방식을 써서 그들과의 새로운 관계를 나타내고자 하셨다. 그렇기에 그들을 상대로 하나의 조약을 맺으셨다.

그런데 하나님은 또한 자신의 통치가 애굽의 폭정과는 완전히 다르다는 점을 드러내려고 하셨다. 그리하여 히타이트 방식의 조약을 택하셨으니, 거기에는 두려움과 공포보다는 사랑과 충성에 기반을 둔 관계가 담겨 있었기 때문이다. 나아가서 하나님과 이스라엘 백성의 관계에서는 그 핵심 개념인 '언약'도 새롭게 변화되었다. 크레이기에 따르면, 당시 애굽에서 '언약'이라는 용어는 곧 '감금'의 의미가 함축되어 있었다. 심지어 노예를 가두어 두는 도구, 곧 '차꼬'나 '족쇄'를 지칭하는 데 쓰이기도 했다. 그러나 이스라엘의 구속자이신 하나님이 그 용어로 자신과 백성의 관계를 규

---

1 Peter Craigie, *The Book of Deuteronomy* (NICOT; Grand Rapids: Eerdmans, 1976), 79-83.

정하셨을 때, 그 개념은 새로운 의미를 얻었다. 이제 '언약'은 곧 이스라엘 백성을 (애굽의 포악한 감독관 대신에) 자비로운 구속자이신 하나님께 매어 두는 것이 되었으며, 이는 (두려움이 아닌) 사랑에 근거한 관계였다.

여기서 고전적인 찬송가 "복의 근원 강림하사"(Come Thou Fount)의 가사는 우리가 하나님과 이스라엘 백성이 맺은 이 조약-언약이 지닌 성격을 더 깊이 헤아리는 데 도움을 준다.

주의 귀한 은혜받고
　　일생 빚진 자 되네
주의 은혜 사슬 되사
　　나를 주께 매소서

Oh to grace how great a debtor
　　Daily I'm constrained to be
Let thy goodness like a fetter
　　Bind my wandering heart to thee

기독교 전체의 관점이 그러하듯이, 신명기는 우리가 주님께 매여 있다고 가르친다. 우리를 그분께 결속시키는 것은 두려움과 굴종이 아닌 사랑과 자유다. 선하신 하나님은 우리를 위해 놀라운 일을 행하셨으며, 우리는 이에 대한 사랑과 감사로 나 자신을 그분께 붙들어 매는 편을 선택하게 된다. 그렇기에 우리는 위의 찬송가 내용과 같이 이렇게 고백할 수 있다. "주의 은혜 사슬 되사 나를 주께 매소서."

| 읽 어 볼 글 들 |

- 신명기 29:1-15
- 신명기 34:1-8

| 생 각 해 볼 질 문 |

01 신명기를 존경받는 한 목회자의 마지막 설교로 여겨 본 적이 있는가? 이러한 관점은 신명기의 메시지를 어떻게 인식하도록 하는가?

_____

_____

02 사람들을 하나님과의 언약 관계로 초대하려는 신명기의 목적이 본질적으로 (법적이거나 정치적이기보다는) 인격적인 성격을 띤다는 사실이 어떻게 다가오는가?

_____

_____

03 신명기에서 주로 하나님의 진노보다는 그분의 선하심에 근거해서 우리의 순종을 권고하는 사실에 담긴 의미는 무엇일까?

_____

_____

3장

1-4장: 하나님을 아는 방편 – 기억

 나는 신명기 1-4장의 내용을 깊이 숙고하는 이들을 잘 보지 못했다. 대개는 성경을 읽어 나가다가 그 본문을 접하면 대충 건너뛰곤 한다. 구약의 '곤혹스러운' 특징들이 전부 담겨 있기 때문이다. 낯설고 생소한 인명과 지명이 계속 등장하며, 언뜻 보기에는 오늘 우리의 삶과 별다른 연관성이 없는 것 같다. 하지만 앞으로 살필 바와 같이, 이 장들의 내용은 신명기의 서두 부분에서 중요한 역할을 한다. 즉 이야기 전체의 배경을 제시해 준다. 간단히 말해, 1-4장 본문은 신명기가 일종의 '영적인 여행기'임을 보여 준다. 그리고 그 목적은 새로운 세대의 청중을 하나님과 동행하는 여정으로 계속 초대하는 것이다.

길 위에서

*On the Road*는 잭 케루억의 고전적인 소설이다. 이 책에서는 1940년대 미국의 두 청년이 나라 전역을 돌면서 방황하는 여정을 그려 낸다. 얼핏 보기에, 줄거리 자체가 이리저리로 떠도는 듯이 여겨진다. 온갖 기이한 인물들이 등장하며, 술과 마약, 섹스에 관한 내용이 주를 이룬다. 그래서 어떤 이들은 '헛된 쾌락을 찾아 헤매는 이들의 여행담'으로 간주하기도 한다. 하지만 그 이야기에는 더 깊고 중요한 의미가 담겨 있다. 이 소설은 소위 '비트 세대'(the Beat Generation)가 경험한 삶의 여정을 대변한다. 이들은 미국 사회에 실망하고 환멸을 겪으면서 자라난 세대다. 정부가 국민을 그저 자신들의 목적대로 이용했으며, 당시의 사회 전체가 하찮고 진부한 일들에만 관심을 쏟을 뿐이라고 생각했다. 그렇기에 이 세대의 많은 청년이 전통적인 규범에 반기를 들었고, 이전과는 다른 방식으로 삶의 의미를 찾아 나섰다. 그리고 *On the Road*의 세부 내용에서는 방탕한 모습들이 등장하기도 하지만, 주인공들 스스로는 그 여정을 일종의 영적인 순례로 받아들였다. 작가인 케루억도 이 소설의 성격을 이렇게 묘사한 바 있다: "신을 찾아 나라 전역을 떠돌아다니는 두 가톨릭 청년의 이야기."[2] 이야기가 상당히

---

2 John Leland, *Why Kerouac Matters* (New York: Viking, 2007), 17.

뒤틀리고 어긋나기는 했지만, 그것은 여전히 하나의 영적인 여행이다.

몇 가지 중요한 측면에서, 신명기 1-4장은 이와 매우 유사하다. 이 본문은 마치 당시의 역사적인 인명과 지명을 무작위로 모아 놓은 내용 같다. 에스골 골짜기나 가데스 바네아와 세겜, 아낙 자손과 호리 족속, 헤스본 왕 시혼과 바산 왕 옥 등이 그런 이름들이다. 또 본문에서는 이스라엘 백성이 범했던 일부 명백한 허물들을 회고하며, 그중에는 백성의 정탐꾼들이 하나님을 불신하고 거스른 일이나 모세가 온전히 순종하지 못함으로 약속의 땅에 들어가지 못하게 된 일, 그리고 백성이 온갖 죄악 된 성향을 드러낸 일들이 포함된다. 그럼에도 이 본문의 요점은 이런 특징들 자체에 있지 않다. 오히려 백성의 영적인 여정을 보여 주는 데 있다.

그런데 *On the Road*와 신명기의 큰 차이점은 각자의 여정이 지닌 성격에서 드러난다. 케루억의 소설은 기존의 방식을 벗어나서 삶의 의미를 찾으려 애쓰는 이들의 여정을 묘사한다. 이에 반해, 신명기는 이스라엘 백성이 하나님과 동행했던 과거의 여정, 곧 애굽에서 출발하여 약속의 땅에 이르렀던 여정 안에 현재적인 삶의 의미가 담겨 있음을 보여 준다. 여호와 하나님이 백성에게 자신을 계시하신 것도, 백성의 민족적인 정체성이 온전히 형성된 것도 바로 그 여정에서였다. 따라서 그들이 하나님의 백성답게 살아가기 위해서는 늘 그 여정 가운데로 돌아가야 했다.

그러므로 신명기의 목표는 그저 이스라엘의 역사를 회고하며 서술하는 데 머물지 않는다. 각 세대의 청중을 그 여정 속으로 새롭게 인도해 간다. 그 책은 마치 마법 여행기와 같아서, 본문의 단어들 하나하나가 고대의 시간과 장소들로 청중을 데려다 놓는 일종의 통로 역할을 한다. 그리고 여기서 제시되는 시간과 장소들은 곧 이스라엘 백성이 오랜 여정에서 하나님을 결정적으로 대면했던 핵심 순간들을 지칭한다. 이를 통해, 각 세대의 청중은 본문의 사건들을 외적으로 관찰하는 데 그치지 않고 그 속에 생생히 동참할 수 있다.

여정에 동참하기

그런데 어떻게 한 권의 책이 그러한 효력을 가져올 수 있을까? 이 일은 소위 '집단 기억'(collective memory)을 통해 이루어진다. '집단 기억'은 개인들이 특정 공동체를 향해 소속감을 느끼게끔 만드는, 오래된 과제를 해결하는 하나의 방식이다. 이 문제를 자세히 언급하자면 이러하다. 각 개인이 실제로 어떤 집단의 일원이 되려면, 집단의 핵심 사건들에 스스로를 결부시킬 수 있어야 한다. 하지만 사건들은 대개 그로부터 먼 과거에 있었던 일인 경우가 많다. 그렇기에 그들은 자신들이 직접 경험하지 못한 일들에 공감하고 헌신해야 하는 상황에 놓이게 된다.

바로 여기서 집단 기억이 등장한다. 각 공동체는 다양한 방편을 활용해서 구성원들이 중요한 사건들과 친숙해지게 만든다. 그리하여 모두가 공동체의 정체성을 공유하게 한다. 한 예로, 2001년 미국에서 일어난 9/11 테러를 생각해 보자. 실제로 그 사건을 경험한 미국인은 매우 드물지만, 대다수의 미국인은 그 일을 마치 자신이 직접 겪은 것처럼 공감한다. 그래서 테러리스트들이 조종하는 비행기가 쌍둥이 빌딩에 충돌하는 모습과 온통 재로 뒤덮인 사람들이 현장에서 탈출하는 모습을 여전히 '기억한다.' 이처럼 미국인들이 그 사건을 기억하고 공감하는 이유는 여러 노래와 이야기, 영상과 추모 의식을 통해 스스로를 그 사건의 당사자로 여기게 되었기 때문이다.

신명기의 목표도 이와 같다. 각 세대의 이스라엘 백성이 스스로를 어떤 의미에서 민족의 결정적인 사건인 출애굽 여정에 '동참한' 이들로 여기기를 바란다. 본문을 자세히 살펴보면 기록자의 그러한 의도를 파악할 수 있다. 신명기의 첫 부분에서는 지금 모세의 설교를 듣는 청중을 과거의 출애굽 세대와 뚜렷이 구분 짓는다. 과거 세대는 이미 다 세상을 떠났으며, 본문의 청중은 광야에서 태어난 그다음 세대로서 모압 평원에서 모세의 메시지를 듣고 있다.

[여호와께서] 맹세하여 이르시되 이 악한 세대 사람들 중에는 내가 그들의 조상에게 주기로 맹세한 좋은 땅을 볼 자가 하나도 없으리라(1:34-35)

가데스 바네아에서 떠나 세렛 시내를 건너기까지 삼십팔 년 동안이라 이 때에는 그 시대의 모든 군인들이 여호와께서 그들에게 맹세하신 대로 진영 중에서 다 멸망하였나니 여호와께서 손으로 그들을 치사 진영 중에서 멸하신 고로 마침내는 다 멸망되었느니라 모든 군인이 사망하여 백성 중에서 멸망한 후에 … (2:14-16)

본문들의 요점은 명확하다. 출애굽 세대의 백성이 이미 다 세상을 떠났다는 것이다.

그런데 여기서 흥미로운 특징이 나타난다. 여전히 청중을 출애굽 세대에 속한 이들처럼 지칭한다는 것이다. 신명기 4장의 구절들을 보자(강조점은 저자가 붙임).

여호와께서 바알브올의 일로 말미암아 행하신 바를 **너희가 눈으로 보았거니와** 바알브올을 따른 모든 사람을 너희의 하나님 여호와께서 **너희** 가운데에서 멸망시키셨으되 오직 너희의 하나님 여호와께 붙어 떠나지 않은 **너희**는 **오늘까지** 다 생존하였느니라(4:3-4)

오직 너는 스스로 삼가며 네 마음을 힘써 지키라 그리하여 **네가 눈으로 본** 그 일을 잊어버리지 말라 … **네가** 호렙 산에서 네 하나님 여호와 앞에 섰던 날에(4:9-10)

어떤 신이 와서 시험과 이적과 기사와 전쟁과 강한 손과 편 팔과 크게 두려운 일로 한 민족을 다른 민족에게서 인도하여 낸 일이 있느냐 이는 다 너희의 하나님 여호와께서 애굽에서 **너희**를 위하여 **너희의 목전에서** 행하신 일이라 이것을 **네게** 나타내심은 여호와는 하나님이시요 그 외에는 다른 신이 없음을 네게 알게 하려 하심이니라 여호와께서 너를 교훈하시려고 하늘에서부터 그의 음성을 **네게** 들게 하시며 땅에서는 그의 큰 불을 **네게** 보이시고 **네가** 불 가운데서 나오는 그의 말씀을 듣게 하셨느니라 여호와께서 … **너를** 택하시고 큰 권능으로 친히 인도하여 애굽에서 나오게 하시며 … **너를** 그들의 땅으로 인도하여 들여서 그것을 **네게** 기업으로 주려 하심이 **오늘**과 같으니라(4:34-38)

이는 단순한 말실수가 아니다. 모세는 백성을 향해 과거의 출애굽 세대가 겪은 일들을 기억하라고 거듭 촉구하고 있다. 그는 그때의 일들을 생생히 묘사하면서, 모압 평원의 청중이 마치 그 실제 목격자인 듯이 말을 이어 간다.

일종의 시간 여행을 가능하게 하는 '연상' 기법이다. 본문에서는 '너희'라는 표현이 거듭 쓰여서, 청중이 그저 외부의 관찰자로 남지 않고 그 일들의 당사자인 것처럼 느끼게 만든다. 그리고 '너희의 눈으로' 본 내용을 회고하면서 그 사건들의 광경을 생생히 묘사하여, 이를 통해 청중의 마음에 그 일들의 이미지를 뚜렷이 각인시킨다. 이 과정이 반복될 때, 이른바 '세대 간의 융합'이 일어난다. 이제 청중은 스스로를 출애굽의 당사자로 여기게 된다.

출애굽 이야기의 중심에는 다음의 세 가지 사건과 장소가 자리 잡고 있다: 여호와 하나님이 스스로를 계시하시고 이스라엘 백성을 상대로 언약을 맺으셨던 호렙(시내)산, 이스라엘 백성이 믿음 없는 정탐꾼들의 편에 서 버렸기에 사십 년간 광야를 떠도는 징벌을 받게 된 가데스 바네아, 그리고 다음 세대의 백성이 새 시작의 기회를 얻어 약속의 땅 경계에 서 있는 모압 평원. 신명기는 또한 다음의 두 장소를 내다보고 있다: 이스라엘 백성이 그 땅에 들어가서 처음으로 언약 갱신 의식을 거행할 세겜, 마침내 그 땅에 정착한 뒤 매년 하나님 앞에 나아와 경배하게 될 '택하신 곳.' 나중에 후자의 지역은 '예루살렘'으로 불리지만, 여기서는 그저 '택하신 곳'으로 지칭된다.

그런데 신명기의 초점은 단지 이스라엘 백성이 그 사건들에 공감하게끔 돕는 데 그치지 않는다. 나아가서, 사건들이 표상하는 여정으로 그들을 인도해 낸다. '결단의 순간들' 가운데서 드러나는 하나의 영적인 여정이다.[3] 여정의 토대에는 시내산에서 하나님이 백성에게 자신을 계시하시고 언약을 맺으신 일이 놓여 있다. 이곳에서 백성은 그분의 뜻에 헌신하는 삶의 길을 선택했던 것이다. 하지만 구체적인 헌신의 과정에서, 이스라엘 백성은 온갖 도전을 마주하게 된다. 그리고 시내산에서 내려온 뒤에 벌어진 여러 사건은 백성이 여정에서 겪게 된 다양한 성공과 실패를 보여 주었다. 이제 신명기가 백성에게 심어 주려 하는 것은 옳거나 그릇되었던 선택들에 관한 기억뿐만이 아니다. 하나님의 모든 백성이 늘 직면하게 되는 다음의 질문을 제기하고 있다. "이제 우리는 어떻게 살 것인가?" 하나님이 스스로를 계시하시고 은혜의 손길로 언약을 베풀어 주신 지금, 우리는 그분을 따르는 길과 저버리고 돌아서는 길 가운데서 어떤 쪽을 선택해야 할까? 이 질문 앞에서, 신명기는 모든 이를 향해 이렇게 권고하고 촉구한다. "이제 생명을 택하라"(30:19, NIV).

여기서 문제는 이 여정의 기억과 '생명을 택하라'는 부르심을 각 세대에게 어떻게 계속 전달할 수 있을까 하는 것이다. 처음에는 백성이 모압 평원에서 모세의 메시지를 직접 들었다. 그다음에는 그 내용이 신명기로 기록되었으며, 이 말씀은 칠 년마다 온 백

---

3 J. G. McConville and J. G. Millar, *Time and Place in Deuteronomy* (Sheffield: Sheffield Academic Press, 1994).

성 앞에서 낭독되어야만 했다. 그런데 당시는 모든 의사소통이 주로 말로 이루어졌으며, 문맹률이 높은 사회였다. 그러므로 칠 년째의 낭독을 제외할 경우, 이 메시지를 어떻게 백성의 삶에서 이어지게 할 수 있었을까?

이 문제에 관해, 신명기는 이른바 '기억의 **통로**'들을 제시한다. 각 세대가 핵심 사건들에 공감하고 헌신하며 하나님과 동행하는 길을 택하도록 돕기 위한 방편들이다. 신명기에서는 네 가지의 주된 '통로'를 접할 수 있다: 일상의 습관과 노래, 이야기와 예식. 6장 6-9절에서는 '일상적인 습관'들을 다루면서, 각 가정의 자녀들에게 다음과 같은 언약의 핵심 요점을 가르치라고 권고한다. "너는 마음을 다하고 뜻을 다하고 힘을 다하여 네 하나님 여호와를 사랑하라"(6:5). 이어서 이 본문은 다양한 실천 방식들을 언급하고, 언제 어디서나 주님을 향한 사랑을 자녀들의 마음에 늘 심어 주어야 한다고 강조한다. 그리고 '노래' 역시 가정에서 진행되는 '기억 과정'의 일부였다. 위에서 다룬 일상의 습관들과 달리, 백성이 암송해야 할 모세의 노래(32장)는 장중하고 슬픔에 찬 성격을 띠었다. 하나님이 오래 참으시며 신실하게 돌보아 주셨음에도 불구하고 끊임없이 반역의 길을 걸었던 이스라엘 백성의 역사에 초점을 둔 내용이었다. 부모들은 자녀들에게 그 노래를 불러 주면서, 과거의 선조들에게 하나님이 베푸신 긍휼과 그들의 완악하고 강퍅했던 태도를 늘 떠올려야 했다.

세 번째 통로인 '이야기' 역시 가정에서 진행되었다. 자녀들이 언약적인 삶의 의미를 궁금해할 가능성을 염두에 두면서, 신명기는 이스라엘 백성의 출애굽 이야기를 가정에서 늘 들려줄 것을 지시한다(6:20-25). 여기서 요점은 그들을 향한 하나님의 부르심이 불규칙하거나 자의적인 것이 아니라 과거의 궁휼에 근거한 것임을 드러내는 데 있다. 하나님이 백성을 애굽의 깊은 속박에서 건져 주셨기에, 그들은 마땅히 그분께 감사하며 순종하는 삶을 살아가야 했다. 이 큰 구속의 이야기를 늘 듣고 전함으로써, 각 세대는 새롭게 그 사건들에 동참하며 주님을 사랑하는 삶의 방식을 배워 갈 수 있었다. 이후 그 민족은 이 이야기를 유월절 절기의 일부분으로 공식화했지만, 신명기는 각 가정의 일상에서도 이를 늘 들려줄 것을 기대하고 있다. 자녀들이 주위의 이방 민족들에게 견주면서 그들의 삶의 방식을 이상하게 여길 때마다, 부모들은 과거에 하나님이 행하신 일들을 다시 일깨워 주었다.

마지막 통로인 '예식'은 위의 세 가지와 조금 다른 점이 있다. 앞의 세 통로가 가정생활에 속한 것과 달리, 이 예식은 공적인 영역에서 작용한다. 신명기 16장은 다음의 세 절기를 특히 중요한 기간들로 묘사한다: 유월절/무교절과 칠칠절, 초막절. 이 시기에는 온 이스라엘 백성이 자신들의 마을을 떠나 '택하신 곳'에 함께 모여 예배했다. 이 절기들은 각기 고유의 특징이 있었지만, 가장 중요한 점은 이 절기들이 출애굽의 여정을 재현하는 역할을 한다는 것이다. 유월절은 이스라엘의 한 해가 시작되는 시점에 놓인 절기로, 백성이 애굽을 나와 광야로 이동했던 시기를 기념했다. 당시 그들이 겪었던 곤란과 역경을 되새기는 데 의의를 두었다. 그리고 칠칠절과 초막절은 백성이 약속의 땅으로 나아간 여정을 기념했다. 두 절기는 그들이 그 땅에서 누리게 된 복과 즐거움을 경축하는 데 의의를 두었다. 이처럼 백성은 매년 예식들을 통해, 과거의 출애굽 여정을 재연하고 상기했다. 애굽과 광야의 슬픔을 거쳐 약속의 땅이 주는 기쁨으로 나아가는 여정이었다. 이를 통해, 그들은 다시금 하나님 앞에 서는 결단의 순간으로 이끌림을 받았다.

> 이스라엘 백성이 하나님의 말씀을 기억하는 일은 부분적으로 그들의 일상적인 습관 또는 실천으로 이루어졌다. 부모들이 각종 집안일을 하면서 자녀들에게 신앙의 내용을 전수했던 것이다. 이러한 그들의 모습은 신명기 6장 6-9절에서도 드러난다. 본문은 하나님의 말씀을 자녀들의 마음속에 두며, 그들의 손과 이마에 새기고 집 문과 기둥에 기록하라고 가르친다. 이렇게 사는 실제의 모습이 어떠했는지를 다 헤아리기는 어렵지만, 일부 고대의 관행들에서 약간의 실마리를 얻을 수 있다. 한 예로, 예루살렘 인근의 '케테프 힌놈'(Ketef Hinnom) 동굴에서 고고학자들은 은으로 된 두 개의 작은 두루마리를 발견했다. 거기에는 민수기와 신명기의 일부분이 기록되어 있었으며, 연대는 주전 650년경으로 추정된다. 아마도 당시 누군가가 이 두루마리들을 장신구처럼 차고 다니면서 하나님의 말씀을

늘 '마음에 새기고' 간직하려고 했던 것 같다. 그리고 주전 250년경-주후 68년 사이에 기록된 사해 사본에서도, 출애굽기와 신명기의 일부분이 담긴 작은 용기들이 발견되었다. 용기들을 손과 머리에 부착함으로써 그 교훈을 늘 상기하려고 했을 것이다. 이 관행들은 마치 오늘날 유대인들이 따르는 관습의 전조와도 같다. 기도할 때 성경 구절을 머리와 손에 부착하거나('테필린', [tefillin]), 말씀을 작은 상자에 넣어 문설주 위에 올려두는 일('메주자', [mezuzah]) 등이 그러한 현대의 관습들이다.

기억을 통해 하나님을 알아 가기

그렇다면 신명기 1-4장의 부름은 오늘날 하나님의 백성이며 그리스도인인 우리에게 어떻게 적용될 수 있을까? 신약에서는 유월절의 절기에 근거해서 우리 삶을 이 고대의 여정에 접목시킨다. 그리스도께서 이 절기를 곧 **그분 자신의** 죽으심을 기리는 예식으로 삼으셨기 때문이다.

그들이 먹을 때에 예수께서 떡을 가지사 축복하시고 떼어 제자들에게 주시며 이르시되 받으라 이것은 내 몸이니라 하시고 또 잔을 가지사 감사 기도 하시고 그들에게 주시니 다 이를 마시매 이르시되 이것은 많은 사람을 위하여 흘리는 나의 피 곧 언약의 피니라 (막 14:22-24)

우리 중 대부분은 이 말씀의 신학적 의미를 어느 정도 헤아리고 있다. 여기서 그리스도는 자신을 유월절 어린양과 동일시하고, 자신이 십자가에서 죽으심을 그 절기의 제사와 동일시하신다. 하지만 우리가 종종 놓치는 것은 본문에서 기독교의 예배를 신명기에 담긴 고대의 여정과 밀접히 결부시킨다는 점이다. 그리스도께서 제자들을 이 예식에 초대하셨을 때, 그분은 구약의 유월절 식사를 신약의 성찬으로 변화시키셨다. 이제 제자들은 그저 유대 민족의 일원으로서가 아니라, 그리스도인들로서 고대의 여정에 동참하게 되었다. 그들이 그리스도께서 구약에 예언된 메시아이며 하나님의 어린양이심을 고백했기 때문이다.

나아가서 사도 바울이 언급했듯이, 주님의 부르심은 오늘날 우리 신자들에게까지 이어진다.

> 내가 너희에게 전한 것은 주께 받은 것이니 곧 주 예수께서 잡히시던 밤에 떡을 가지사 축사하시고 떼어 이르시되 이것은 너희를 위하는 내 몸이니 이것을 행하여 나를 기념하라 하시고 식후에 또한 그와 같이 잔을 가지시고 이르시되 이 잔은 내 피로 세운 새 언약이니 이것을 행하여 마실 때마다 나를 기념하라 하셨으니 너희가 이 떡을 먹으며 이 잔을 마실 때마다 주의 죽으심을 그가 오실 때까지 전하는 것이니라(고전 11:23-26)

이 성찬에 참여할 때, 우리는 주님의 죽으심을 기억하는 데 그치지 않는다. 그분 앞에서 참된 결단의 순간을 맞게 된다. 이때 그리스도는 그 고대의 부름을 우리에게도 제시하신다. 그런데 우리가 생명 **혹은** 죽음 가운데 어느 쪽을 택할지 묻지 않으신다. 우리가 죽음을 **통해** 얻는 생명에 이를 각오가 되어 있는지를 물으신다. 이곳에서 우리는 십자가에 못 박히신 주님을 대면하게 된다. 그분은 우리도 자기 십자가를 지고 그분을 따름으로써 **생명을 택하라**고 당부하고 계신다.

| 읽 어 볼 글 들 |

다음의 본문들을 차례로 읽어 보라.

- 신명기 6:20-25
- 마가복음 14:22-24
- 고린도전서 11:23-26

| 생 각 해 볼 질 문 |

01 위의 본문들을 읽으면 어떤 통찰을 얻게 되는가? 본문들을 읽어 갈 때, 혹시 이전에는 알아차리지 못했던 교훈을 발견했는가? 그렇다면 어떤 교훈인가?

_____

_____

02 오늘날 많은 교회는 기독교 신앙을 현대적으로 제시하는 데 관심을 쏟는다. 하지만 그 과정에서, 우리의 신앙이 고대적인 것이기도 하다는 사실을 종종 간과하고 만다. 위의 본문들은 우리의 신앙이 고대적인 동시에 현대적이기도 하다는 사실을 깨닫는 데 어떤 도움을 주는가?

_____

_____

4장

5-11장: 하나님을 아는 방편 – 예배

우리가 하나님과의 관계 속으로 들어간 뒤(1-4장), 그분이 원하시는 신실한 삶의 길로 나아가려면 어떻게 해야 할까?(12-26장) 이에 관해서는 5-11장이 답을 준다. 이 본문에서는 하나님을 따르겠다는 우리의 결단이 신실한 삶으로 이어지게 만드는 핵심 열쇠가 무엇인지를 밝히고 내용을 자세히 서술한다. 그 열쇠는 바로 참된 **예배**다.

웅덩이 속의 얼굴

예배의 본질을 헤아리기는 쉽지 않다. 우리는 흔히 그것을 주일 예배 때 행하는 여러 일과 연관 짓는다. 찬양을 부르고 기도하며 각종 예식을 진행하는 일들이다. 물론 이러한 일들은 예배에서 중요한 역할을 한다. 하지만 예배의 전부는 아니다. 내가 보기에, 예배의 핵심 개념은 훨씬 더 단순하다. 곧 무언가를 **바라보며 경탄하는** 것이다.

하지만 예배는 그 자체로는 선하지 않다. 어떤 대상을 예배하느냐에 따라 옳고 그름이 결정된다. G. K. 빌은 이 점을 다음과 같이 요약했다. "사람들은 자신들이 공경하는 존재를 닮아 가며, 이로 인해 회복 또는 파멸에 이르게 된다."[4] 그는 '돈을 사랑하는 이들은 결국 자신이 돈과 같이 되어 버리고 만다'는 식의 좁은 의미에서 이 말을 한 것이 아니다. 이 요약을 풀어서 설명하면 이러하다. "우리가 하나님 외의 다른 것들을 경배한다면, 마치 돌과 나무로 된 형상들처럼 하나님을 보지 못하고 듣지 못하는 존재가 되어 버릴 것이다." 그리고 이를 통해, 그분의 형상으로 지음받은 우리 예배자들이 철저히 부패하고 타락하게 된다는 것이다.

우상 숭배란 그릇된 대상을 바라보고 경탄하는 일이다. 그런데 이 일의 진짜 위험 요소는 우리의 생각보다 훨씬 더 미묘한 곳에 자리 잡고 있다. 우리는 서구권 그리스도인들이 씨름하는 문제가 어떤 석상이나 조각상들 앞에서 절하는 데 있지 않음을 안다. 오

---

4 G. K. Beale, *We Become What We Worship* (Downers Grove: InterVarsity Press, 2008), 16. (『예배자인가, 우상숭배자인가?』, 새물결플러스)

히려 그 문제는 섹스나 돈, 권력 혹은 명성 같은 것들을 추구하려는 마음에 있다. 그리고 신앙 안에서 자라 가면서, 우리는 이러한 문제들을 경계하고 삼가는 법을 조금씩 터득하게 된다. 하지만 성숙한 그리스도인들까지도 걸려 넘어지는 문제가 있으니, '우상 숭배가 하나님께 드리는 예배의 바깥에 머문다'고 생각하는 착각이다. 그러나 실제로, 가장 위험한 우상 숭배는 바로 그 예배의 행위 **안에** 자리 잡고 있다.

예배 시에, 우리는 하나님을 바라보며 경탄한다. 예배에서 하나님이 어떤 분이신지를 배우고('바라봄'), 그분께 나를 드려 헌신한다('경탄'). 그런데 하나님에 대한 우리의 이해가 종종 왜곡되기도 한다. 그분은 일종의 위대한 타자(the Other)이시기에, 내 힘으로는 그 모습을 바르게 헤아리기가 어렵다. 그래서 무의식중에 하나님을 멋대로 상상해 버린다. 그 결과, 내가 품은 하나님의 이미지는 조금씩 내 필요와 갈망을 드러내는 방향으로 바뀌어 간다.

이 역학 관계에 대한 생생하면서도 두려운 예화를 그리스 신화 나르키소스 이야기에서 볼 수 있다. 나르키소스는 용모가 탁월한 청년이었다. 그의 아름다움은 많은 여성의 관심을 끌었으며, 무수한 구혼자가 그를 찾아왔다. 하지만 나르키소스는 만족하거나 기뻐하지 않고, 점점 더 교만해질 뿐이었다. 결국 그는 모든 구혼자에게 심한 모욕과 경멸의 언사를 쏟아놓았다. 그리하여 어떤 구혼자들은 스스로 삶을 포기하기까지 했다.

이런 그의 모습은 결코 신들의 눈을 피해 가지 못했다. 어느 날 복수의 여신인 네메시스가 나르키소스의 행실을 응징하기로 마음먹었다. 여신은 그가 구혼자들에게 가한 고통을 그대로 되돌려줄 일종의 함정을 고안해 냈다. 그녀는 나르키소스를 깊은 산 속의 웅덩이로 유인한 뒤, 물에 비친 자신의 모습을 들여다보게 만들었다. 그는 자기 모습을 직접 본 적이 없었기에, 그 형상이 바로 자신임을 미처 알아차리지 못했다. 마침내 그가 물을 마시려고 웅덩이 위로 몸을 숙였을 때, 놀랍도록 아름다운 한 사람의 얼굴을 보았다. 드디어 자신의 연인이 될 누군가가 나타난 것이다! 나르키소스는 웅덩이 속의 얼굴에 매혹되어 깊은 사랑에 빠졌다.

하지만 아무리 애를 써도, 물속에 있는 사람의 반응을 이끌어 내지 못했다. 그는 오랫동안 그 형상을 응시하면서 집착과 열정에 사로잡혀 말을 걸고, 대답을 간청했다. 웅덩이 바깥으로 나와 달라고 애걸하거나, 팔을 뻗어 그 형상을 만져 보려고 애쓰면서 흐느끼기도 했다. 물속의 사람은 여전히 아무 응답이 없었지만, 나르키소스는 계속 그곳에 엎드려서 웅덩이를 들여다보았다. 그 사람을 향한 집착에서 도저히 벗어나지 못했던 것이다. 그렇게 시간이 지나고, 그는 점점 몸이 쇠약해져서 마침내 죽고 말았다.

우리 중 많은 이가 나르키소스와 같다. 스스로는 하나님께 예배한다고 믿지만, 실제로는 자신의 모습만을 들여다볼 뿐이다. 하나님은 기이하게도 우리 자신의 욕구나 필요를 닮은 분처럼 다가오신다. 우리가 갈망하는 대상은 너무나 중요하게 보이지만, 실상은 그저 우리를 점점 더 쇠약하게 만들고 있을 뿐이다. 그리고 우리는 스스로의 힘으로는 그 대상의 속박에서 벗어나지 못한다.

우선순위를 정하는 일로서의 예배

신명기는 우리의 이러한 성향을 잘 알기에, 여러 경로로 그 문제를 방지하고자 한다. 이를 위해, 5-11장에서는 참된 예배의 토대를 제시하는 동시에 하나님을 향한 예배의 모습이 어떠해야 하는지를 보여 준다. 이 본문은 먼저 십계명을 선포한 뒤, 그중 첫째와 둘째 계명을 자세히 서술한다. 바른 예배에 관한 신명기의 가르침을 헤아리려면 두 계명이 어떻게 조화되는지를 파악하는 일이 꼭 필요하다.

십계명은 신명기 5-11장의 첫 부분에 자리 잡고 있으며(5:7-21), 그 내용은 다음과 같이 이어진다.

1. 다른 신들을 섬기지 말라(7절)
2. 우상이나 형상을 만들지 말라(8-10절)
3. 주님의 이름을 헛되이 부르지 말라(11절)

4. 안식일을 지키라(12-15절)

5. 부모를 공경하라(16절)

6. 살인하지 말라(17절)

7. 간음하지 말라(18절)

8. 도둑질하지 말라(19절)

9. 거짓 증언하지 말라(20절)

10. 탐내지 말라(21절)

이 조항들은 흔히 '계명'(commands)으로 알려져 있지만, 실제로는 헌법의 열 가지 '**원칙**'(principles)에 더 가깝다. 곧 그것들은 이스라엘 공동체의 삶을 하나로 모으고 조직하기 위한 일련의 근본 원리였다. 한 나라의 헌법에 민족의 가치관이 담겨 있듯이, 십계명은 이스라엘 백성이 마땅히 받들고 따라야 할 참된 가치들을 드러낸다.

여기서 눈에 띄는 것은 원칙들의 논리적인 흐름이다. 원칙들은 예배(첫째-넷째 계명)에서 시작하여, 윤리(다섯째-아홉째 계명)를 거쳐 갈망(열 번째 계명)으로 이어진다. 이는 곧 예배가 윤리와 갈망의 원천임을 보여 준다. 나의 윤리와 갈망을 바로잡기 위해서는 먼저 바른 예배를 회복해야 한다. 내가 그릇된 대상에게 예배하는 동안에는, 선한 행실이나 고귀한 갈망이 내 삶에 자리 잡기를 기대할 수 없기 때문이다. 이런 의미에서, 십계명은 가치 또는 갈망의 질서를 제시한다.

인간은 누구나 그런 갈망의 질서를 구축하고, 자신이 소중히 여기는 일들을 우선시하며 살아간다. 가장 중요한 일은 맨 꼭대기에, 가장 하찮은 일은 맨 아래에, 그리고 나머지 일들은 그 중간쯤에 두는 것이다. 이것은 우리가 삶을 헤쳐 나가는 데 유익하며 꼭 필요한 방편이다. 그런데 질서의 밑바닥에 있어야 할 일들이 맨 위에 놓일 때, 곧 하찮은 일들이 중요한 것으로 치부될 때 문제가 생겨난다. 이때 우리 삶의 구조는 무게 중심을 잃고 마침내 전복되고 만다. 한 예로, 가장이 자신의 가족보다 취미 생활을 우선시하는 경우를 생각해 보자. 그는 약간의 즐거움과 자유를 얻겠지만, 그 대가로 아내와 자녀들의 삶이 희생되고 만다.

그런데 진짜 위험은 선하기는 하지만 으뜸가지는 않는 일들(중간쯤에 있는 일들—역주)을 맨 위에 둘 때 찾아온다. 재정적 안정이나 개인의 만족과 위로, 가족의 평판 등이 그 예이다. 이런 일들을 추구하는 것은 유익하고 자연스러운 일이지만, 그것들이 우리의 궁극적인 목표가 될 수는 없다. 하나님보다 이 일들을 더 바라고 추구할 때, 갈망의 질서가 흔들리며 마침내 삶의 구조 전체가 뒤집혀 버린다. 십계명의 존재 이유는 바로 이 문제들을 방지하는 데 있다. 그 계명들은 하나님의 백성으로 하여금 올바른 갈망의 질서를 세워 가게 하며, 질서의 꼭대기에는 그분을 향한 사랑이 자리 잡고 있다.

> 여러분은 십계명이 왜 하나가 아닌 두 개의 돌판에 기록되어 있는지를 의아히 여겨 본 적이 있는가? 계명의 구절들 자체는 그리 많은 공간을 차지하지 않았기 때문에, 이 일에는 (실용적인 측면 외에도) 무언가 다른 이유들이 있었을 것이다. 만약 두 돌판에 다섯 개씩 계명들이 기록되어 있었다면, 일부 학자들은 이스라엘 백성의 암기를 도우려는 목적으로 사람 손가락의 숫자에 상응하게 기록된 것이라고 주장한다.[5] 각각 다섯 계명이 새겨진 두 돌판은 다섯 손가락을 지닌 사람의 두 손에 해당한다는 것이다. 두 돌판에 각기 열 개의 계명 전부가 기록되어 있었을 수도 있다. 이는 조약의 양측이 조약문의 사본을 만들어서 각각 보관했던 고대의 관행을 염두에 둔 해석이다. 앞서 살폈듯이 신명기에는 여러 고대 조약의 관습들이 반영되어 있기에, 충분히 가능한 일이다. 나아가서 이 해석은 돌판들이 하나님과 이스라엘 백성의 관계를 상징하는 언약궤 안에 보관되어 있었다는 본문의 언급과도 부합한다(10:1-5). 그리고 어쩌면 그 이유 가운데는 이 두 가능성이 모두 포함될 수도 있다. 모든 계명이 두 돌판에 각각 기록된 동시에, '10'이라는 계명의 숫자 자체는 이스라엘 백성이 그것들을 쉽게 파악하고 기억하게끔 도우려는 목적으로 정해졌다고 보는 것이다.

경탄하는 일로서의 예배

신명기 5-11장은 이처럼 이스라엘 백성이 따라야 할 갈망의 질서를 제시한 뒤, 첫 두 계명에 초점을 맞추면서 그 질서의 원천인 예배의 문제를 다루어 간다. 이 중 첫째 계명에서는 다른 신들에게 예배하는 일을 금지한다. "나 외에는 다른 신들을 네게 두지 말

---

5 Daniel Block, *Deuteronomy* (NIVAC; Grand Rapids: Zondervan, 2012), 160.

지니라"(5:7). 긍정적인 방식으로 표현하자면, 여호와 하나님만을 온전히 섬기고 따르라는 부름이다.

이러한 부름은 신명기의 핵심 메시지인 동시에, 이스라엘 백성이 간직해야 했던 신앙의 중심에 있다. 신명기 6장 4-5절은 그 신앙의 토대가 되는 본문으로, 백성은 이 구절을 매일 아침저녁으로 자녀들에게 암송시켜야 했다.

> 이스라엘아 들으라 우리 하나님 여호와는 오직 유일한 여호와이시니 너는 마음을 다하고 뜻을 다하고 힘을 다하여 네 하나님 여호와를 사랑하라

이러한 본문들이 있기에, 이스라엘 백성의 신앙은 '유일신교'(monotheism), 곧 '하나의 신을 섬기는 종교'로 지칭되었다. 그런데 여기서 '유일신교'라는 표현은 다소 오해의 소지가 있다. 일종의 비교적인 관점에서 신앙의 특성을 제시하기 때문이다. 이 경우에는 이웃 족속들이 수많은 신을 숭배한 것과 달리, 백성은 한 분이신 여호와 하나님만을 섬겨야 했다는 의미로 간주된다. 물론 이스라엘과 이웃 족속들 간의 중요한 차이점이 한 분이신 하나님께 경배한 데 있었던 것은 분명하다. 하지만 이 본문의 주된 관심사는 거기에 있지 않다. 본문에서 주로 다루는 것은 유일하신 하

나님의 본성이 아니라, 이스라엘 백성이 그분께 드려야 할 **예배의 본질**이었다.

다시 말해, '유일하신' 하나님께 예배하라는 부름은 그분을 향한 백성의 헌신과 연관이 있다. 히브리어 구약성경에서, 신명기 6장 4-5절과 언어상으로 가장 유사한 본문이 아가서에 있는 것은 우연이 아니다(강조점은 저자가 붙임).

> 내 비둘기, 내 완전한 자는 **하나뿐**이로구나
>> 그는 그의 어머니의 외딸이요
>> 그 낳은 자가 귀중하게 여기는 자로구나(아 6:9)

신명기 6장 4-5절과 마찬가지로, 아가서 본문의 초점은 화자가 사랑하는 사람의 숫자에 있지 않다. 오히려 그가 자신의 연인만을 유일하고 배타적인 방식으로 사랑한다는 데 있다. 달리 말해, 유일하신 여호와 하나님을 사랑하라는 신명기의 부름에는 마치 신랑이 신부만을 아끼고 사랑하듯이 그분을 찬미하며 경배하라는 의미가 담겨 있다. 여기서 요구되는 것은 그분을 향한 철저하고 전폭적인 애정과 헌신이다.

헌신의 방해물은 무관심 혹은 미온적인 태도, 그리고 배교와 불신앙이었다. 성경에서는 두 문제를 모두 언급하지만, 후자의 불신앙 또는 우상 숭배에 좀 더 관심을 둔다. 그리고 오늘날 우리도 후자의 문제에 더 깊이 몰두하며 치중하곤 한다. 하지만 이는 우리가 우상 숭배의 본질을 제대로 헤아리지 못하고 있기 때문이다.

성경의 세계에서, 사람들이 엎드려 절한 대상은 단순히 돌과 나무로 만든 형상들이 아니었다. 그들은 우상들로 표상되는 신적인 존재들을 향해 경배하며 충성을 맹세했다. 그런데 당시 이스라엘 백성이 종종 여호와 하나님을 저버리고 이처럼 다른 신들을 좇았던 이유는 무엇일까? 여기서 우리는 고대인들에게도 삶의 여러 고민과 문제가 있었음을 쉽게 잊는다. 그들에게도 노쇠한 부모님과 아이를 낳지 못하는 배우자, 질병들에 시달리는 자녀들이 있었다. 게다가 가뭄과 기근, 전쟁과 압제를 겪었다. 그러므로 백성은 하나님이 삶의 기본 필요를 채워 주지 못한다고 느꼈을 때, 곧장 다른 신들에게로 달려갔던 것이다. 그들은 신들이 가족의 건강과 복지를 돌보아 주기를 바랐다. 우리 중 누구라도 사랑하는 이들을 살리기 위해 무언가 의심스러운 사람이나 대상에게 매달려 본 적이 있다면, 당시 이스라엘이 겪었던 딜레마를 이해할 것이다. 예를 들어 어떤 가장이 일중독에 빠지는 경우, 대개 이를 통해 가족의 미래가 보장되리라고 믿기 때문이다.

바라보는 일로서의 예배

설령 어떤 이가 하나님께 전적으로 헌신할지라도, 또 다른 문제가 여전히 남아 있다. 그가 예배하는 그 신이 참하나님이시며, 자기 스스로 만들어 낸 존재가 아님을 어떻게 알 수 있을까? 예를 들어, 전사한 군인들의 장례식에 모욕적인 구호가 적힌 팻말을 들고 찾아가서 시위하는 웨스트보로 침례교회 교인들(하나님이 자신들만을 사랑하신다고 여기며 다른 이들은 전부 혐오하는 미국의 극단적인 종교 단체—역주)의 **열심** 그 자체를 의문시할 이들은 드물다. 하지만 그들의 신 개념이 선하거나 참되다고 보는 이들 역시 거의 없을 것이다. 이런 사례는 왜 첫째 계명이 둘째 계명과 늘 함께 가야만 하는지를 잘 보여 준다. 다시 말해, 무언가에 헌신하는 일만으로는 충분하지 않다. 올바른 일에 헌신해야 한다. 그리고 하나님께 예배하며 그분을 바르게 바라볼 때, 비로소 우리는 그러한 일들에 헌신하게 된다.

둘째 계명에서는 예배 때 형상 사용을 금함으로써 이 원리를 제시한다. 그 금지령은 '반형상주의'(aniconism)로 불리고, '형상을 만들지 말 것'(no icons)을 의미한다(5:8-9).

너는 자기를 위하여 새긴 우상을 만들지 말고 위로 하늘에 있는 것이나 아래로 땅에 있는 것이나 땅밑 물 속에 있는 것의 어떤 형상도 만들지 말며 그것들에게 절하지 말며 그것들을 섬기지 말라

이 계명을 실제로 어떻게 준수해야 하는지에 관해서는 오늘날까지 다양한 견해가 제시되어 왔다. 예배 때 형상 사용을 일절 금지해야 한다는 주장부터, 형상 사용 자체는 장려하되 성부 하나님을 묘사한 것들만 금하자는 주장에 이르기까지 다양하다. 하지만 이 문제를 둘러싼 논의에서 이 계명을 주신 하나님의 의도를 자주 간과하는 경향이 있다.

우리가 이 계명을 어떤 식으로 준수하든지 간에, 계명의 실제 의도는 이스라엘 백성이 여호와 하나님을 그릇되게 표상하는 일을 경계하려는 데 있었다. 당시 이웃 족속들은 갖가지 형상과 우상을 이용해서 자신들의 신을 숭배했기에 하나님은 이스라엘도 이와 똑같이 행할까 봐 우려하셨다. 이는 궁극적으로 그분 자신의 인격적인 본질을 왜곡하는 일이었기 때문이다. 한낱 흙으로 빚은 형상들이 어떻게 온 우주의 주인이신 하나님의 본성을 온전히 담아 낼 수 있겠는가? 듣거나 말하지도, 움직이지도 못하는 신상들이 어떻게 우리의 부르짖음을 친히 듣고 말씀하시며 자신의 일들을 행하시는 그분의 어떠하심을 드러낼 수 있겠는가? 따라서 이 계명의 관심사는 지극히 실제적인 성격을 띤다. 만일 우리가 왜곡된 방식으로 하나님을 표상할 경우, 실제로는 그분이 아닌 다른 대상에게 예배하는 셈이 되어 버린다.

당시의 이스라엘 백성과 우리 모두의 문제는 하나의 석상이 정말 하나님 자신이라고 믿는 데 있지 않다. 오히려 이처럼 그릇된 방식으로 그분의 어떠하심을 표상하며 받아들이는 데 있다. 이에 관해, A. W. 토저는 이렇게 언급한다.

> 인류의 역사는 어떤 민족도 그들이 따랐던 종교의 수준보다 더 나은 삶을 영위한 적이 없음을 보여 준다. 그리고 인간의 영적인 여정을 살필 때, 우리는 어떤 종교도 그 안에서 제시되는 신의 개념보다 더 높은 경지에 이른 적이 없음을 알게 된다. 그렇기에 교회가 대면하는 가장 중대한 질문은 늘 하나님 자신에 관한 것이었다. 그리고 어떤 사람의 본모습을 가장 명확히 드러내 주는 것은 그가 특정 시간에 무엇을 말했거나 행했는지가 아니다. 이는 그가 마음 깊은 곳에서 하나님을 어떤 분으로 여기는지와 연관이 있다. 영혼의 은밀한 법칙으로 인해, 우리는 누구나 자신이 품은 하나님의 심리적인 이미지를 닮아 가는 성향이 있기 때문이다.[6]

우리는 예배 때 하나님을 바라보며, 이를 통해 그분을 바르게 생각하는 법을 배워 갈 수 있다. 그리고 우리가 하나님을 닮아 가는 방식은 그분에 대한 우리의 생각에 따라 결정되므로, 그분의 어떠하심을 바르게 표상하는 일은 그 무엇보다 중요하다. 그래서

---

6 A. W. Tozer, *The Knowledge of the Holy* (New York: Harper Collins, 1961), 1. (『하나님을 바로 알자』, 생명의말씀사)

신명기에서는 인간적인 우상과 형상들 대신에 과거의 기억을 강조한다. 과거에 하나님이 자신들을 선하게 대하신 것과 미래에 베푸실 일들에 대한 그분의 약속을 기억함으로써, 백성이 하나님의 어떠하심을 바르게 헤아릴 수 있었기 때문이다.

예배를 통해 하나님을 알아 가기

이처럼 예배는 이스라엘 백성이 결단의 순간을 거쳐 바른 삶의 실천으로 나아가는 일에 핵심 역할을 했다. 그런데 우리 그리스도인들은 이 신명기의 개념들을 오늘날의 삶에 어떻게 접목할 수 있을까? 다시 말해, 우리가 하나님을 온전히 바라보며 경탄하는 법을 배워 가려면 어떻게 해야 할까? 아마도 가장 도움이 되는 것은 '삶의 목록을 만드는'(take inventory) 습관일 것이다. 이는 우리의 내적인 태도와 외적인 습관들을 주의 깊게 살피고 돌아보는 일을 의미한다. 그러면 개인과 공동체 모두의 수준에서, 내가 무엇을 소중히 여기며 하나님을 어떻게 표상하고 있는지를 돌아볼 수 있다.

그런데 실제로 자신의 헌신을 어떻게 일종의 목록으로 나타낼 수 있을까? 이 일은 생각보다 쉽다. 그저 내 생각과 갈망 속에 깊이 자리 잡은 일들이 무엇인지를 파악하면 된다. 이때 다음의 두 질문을 던져 볼 수 있다. **나에게 가장 큰 생기와 활력을 주는 일들은 무엇인가? 나를 가장 분노하게 만드는 일들은 무엇인가?**

아마도 내 마음과 생각을 차지하는 것들이 소위 악명 높은 금기들이 아님을 알게 될 것이다. 물론 마약이나 술, 도박 중독 등의 문제와 씨름하는 이들이 있는 것도 사실이다. 하지만 우리 중 대다수에게는 더 평범하고 흔한 일들이 문젯거리가 된다. 재정과 자녀 교육, 외모와 사회적 지위 등이다. 각종 화장품과 미용 제품, '쉽게 부자가 되는 법'에 관한 책과 강연, 자녀들의 학교와 교육 문제 등을 둘러싼 거대한 규모의 산업과 마케팅 전략들은 이러한 사안들이 우리의 삶에서 차지하는 위치를 뚜렷이 보여 준다. 이것이 정말 위험한 이유는 그것들 속에 어느 정도 **선한** 측면이 있기 때문이다. 자녀에게 좋은 교육과 삶의 기회들을 마련해 주고 싶지 않은 부모가 어디 있는가? 가정의 재정적인 안정을 바라지 않는 가장이 어디 있는가?

우리가 이 일들을 갈망하는 이유는 그것들이 실제로 선하기 때문이다. 하지만 우리 삶의 궁극적인 의미와 중요성이 그것들 자체에 놓일 때, 그 일들은 해로울 뿐 아니라 일종의 우상에 가까운 것이 되고 만다. 그렇다면 내 삶이 이 상태에 이른 것은 아닌지를 어떻게 분간할 수 있을까? 한 가지 좋은 지표는 그 일들 때문에 과도한 스트레스를 겪고 있는지 살펴보면 된다. 혹시 당신은 재정 문제로 쉽게 흥분하며, 때로는 가족과 지인들에게까지 화를 내지는 않는가? 혹은 자녀의 삶에 대한 일상적인 결정들에 관해서 극

심한 불안감에 시달리며, 불면증이나 섭식 장애를 겪지는 않는가? 이런 일들은 서구 사회에서 점점 더 흔해지고 있지만 결코 건강하고 바람직한 모습은 아니다. 우리는 그것들의 왜곡된 영향력을 바로잡기 위해 여러 방면으로 노력해야 한다. 친구들 간에 서로를 돌보거나 전문가에게 상담을 받는 일 등이 포함될 수 있다. 또한 과거의 방식대로 하나님 앞에 자기 문제들을 가지고 나아가 고백하는 일 역시 필요하다. 하나님께 내 고민과 근심을 털어놓고, 그분이 맡겨 주신 삶의 책임들을 감당해 가는 일과 위대한 공급자이신 그분을 신뢰하며 예배하는 일 사이에서 적절히 균형을 잡도록 도와주시기를 간구하라.

이처럼 헌신의 질서를 정돈한 뒤, 내가 하나님을 어떤 분으로 표상하고 있는지를 살펴야 한다. 하나님을 내 영혼의 중심에 모신 뒤에도, 늘 이렇게 자문해 보아야 하는 것이다. "지금 나는 어떤 하나님을 따르고 있는가?" 우리에게는 자신의 인간적인 성품대로 그분의 어떠하심을 헤아리는 경향이 있기 때문이다. 설령 내가 하나님께 전적으로 헌신하고 있을지라도, 그분은 참된 성경의 하나님이 아니라 내가 마음속으로 상상하고 만들어 낸 가상의 존재에 그칠 수 있다. 그저 내 요구를 늘 들어주는 마음 약한 신이나 폭군, 혹은 그보다 더 해로운 존재일 수 있다.

따라서 내가 하나님을 어떻게 표상하는지는 개인과 공동체 모두의 측면에서 대단히 중요하다. 개인의 수준에서, 내가 하나님을 강압적인 부모나 가혹한 재판관처럼 너무 부정적인 존재로 바라볼 때는 내 삶 전체가 마비될 수 있다. 이와 반대로, 그분을 일종의 '예스맨'처럼 지나치게 관대한 분으로 여길 때는 과도한 방종에 빠지고 만다. 이때 우리는 이런 식으로 착각하면서 살아가게 된다. "하나님은 그저 내가 행복하기만을 바라시는 분이야!" 나아가서 공동체의 수준에서, 하나님에 관한 우리의 생각들은 교회와 사회 전체에 뚜렷한 영향을 미친다. 그리고 그 영향력은 종종 갈등이나 역기능의 형태로 드러난다. 이에 관해서는 교회의 역사에서 주목할 만한 사례들을 쉽게 찾아볼 수 있다. 예를 들어 중세의 영향력 있는 수도사였던 클레르보의 베르나르두스가 십자군 전쟁을 옹호한 일이나, 2차 대전 당시에 독일의 국가교회가 나치 정권을 지지했던 일 등이다. 하나님께 온전히 헌신하는 일과 그분을 바르게 표상하고 드러내는 일은 모두 참된 예배의 구성 요소들이지만, 그중에서 더욱 본질적인 중요성을 띠는 것은 바로 후자다. 우리 삶에 가장 큰 해를 입히는 것은 종교적인 무관심보다 오히려 그분에 대한 왜곡된 관점에 근거한 그릇된 열심이다.

그러므로 삶의 문제들이 복잡하고 다양할지라도, 그 바탕에 놓인 근원적인 질병의 정체는 단순하다. 이에 관한 토저의 언급을 보자.

어디서든 교회가 쇠퇴하기 전에 먼저 그 공동체의 기본 신학이 타락하는 일이 발생한다. 이때 교회는 다음의 질문에 관해 그릇된 답을 내놓는다. "하나님은 어떠하신 분인가?" 그다음에는 그 왜곡된 방향으로 계속 전진해 간다. 그 공동체는 명목상 여전히 '건전한 신조'를 채택할 수 있지만, 실제로는 거짓된 전제에 근거해서 살아가곤 한다. 그리고 그 지체 중 대다수는 하나님을 실제의 모습과 전혀 다른 분으로 이해한다.[7]

여기서 우리는 이 질병에 맞서 싸우는 방법이 무엇인지를 질문할 수 있다. 그리고 답은 역시 자기 삶의 목록을 만드는 데 있다. 곧 내가 하나님을 어떤 분으로 여기고 있는지를 자세히 돌아보는 것이다. 만약 그 과정에서 그분에 대한 일종의 왜곡된 이미지가 드러난다면, 그것을 제거하고 성경적인 하나님의 이미지로 대체해야 한다. 이에 관해, C. S. 루이스는 이렇게 언급한 바 있다. "하나님에 대한 우리 자신의 개념은 결코 신성한 것이 아니다. 그 개념은 오랜 세월 동안에 계속 깨어지고 또 부수어져야 한다."[8]

여기서 한 가지 좋은 방법은 '보이지 아니하는 하나님의 형상'이신 예수님의 성품과 모습을 묵상하는 일이다(골 1:15). 먼저 지금

---

7 Tozer, *Knowledge*, 4.
8 C. S. Lewis, *A Grief Observed* (London: Faber & Faber, 1961), 66. (『헤아려 본 슬픔』, 홍성사)

앉은 자리에서 사복음서 전체를 한번 죽 읽어 보라. 예수님의 생애에 있었던 핵심 순간들을 따라가면서, 마음에 하나의 이미지를 그려 보기 바란다. 그리고 각 복음서의 개별적인 에피소드들을 천천히 주의 깊게 숙고해 보라. 이 단계에서는 '이냐시오 묵상'으로 불리는 사색의 한 방식이 도움을 준다. 이는 중세의 유명한 영적 지도자였던 성 이냐시오가 남긴 유산의 일부로, 본질상 **'일종의 상상에 근거한 기도'**다. 이 묵상법에서는 주님의 생애에 있었던 하나의 에피소드를 되새겨 보도록 초대한다. 이때는 그저 객관적인 관찰자의 입장에 머물지 않고, 내가 지금 본문의 사건에 실제로 참여하는 중이라고 여겨야 한다. 과연 현장의 분위기는 어떠했을까? 사람들의 모습이나 들려오는 소리, 주위의 냄새들은 어떠했을까? 이 사건을 가까이서 목격하면서, 나는 무엇을 느꼈을까?[9] 이 간접 체험을 통해, 우리는 그리스도께 더 가까이 나아가게 된다. 마음속으로 그분과 더 긴밀히 동행하며, 더 깊은 기도로 그분과 교제하게 된다.

---

9 이 묵상법에 대한 자세한 논의로는 Kevin O'Brien, *The Ignatian Adventure* (Chicago: Loyola Press, 2011)를 보라.

| 읽 어 볼 글 들 |

- 신명기 5:8-9
- 골로새서 1:15-20
- 요한복음 1:14; 요한일서 1:1-3

| 생 각 해 볼 질 문 |

01 이 장을 읽기 전에는 하나님을 각종 형상으로 나타내는 것을 금지한 구약의 명령을 어떻게 이해하고 있었는가?

_____

_____

02 이제는 이 금지령의 중요성을 스스로의 말로 어떻게 설명할 수 있는가?

_____

_____

03 위에서 제시한 신약 구절들의 내용에 비추어 볼 때, 그리스도는 우리가 보이지 않는 하나님을 알아 가도록 돕는 일에서 어떤 역할을 하시는가?

_____

_____

5장

12-26장: 하나님을 아는 방편 - 율법

앞 장에서는 신명기 5-11장이 예배를 통해 하나님을 참되게 아는 길을 보여 준다는 점을 살펴보았다. 그리고 이제 다룰 12-26장에서는 우리가 그 지식의 빛에서 어떻게 살아가야 하는지를 알려 준다. 어쩌면 많은 이가 율법에 관한 12-26장의 내용이 현대의 그리스도인들의 삶과 무슨 연관성이 있느냐며 의아히 여길 것이다. 이미 주님이 우리를 율법의 짐 아래서 해방하지 않으셨던가? 이 질문의 답은 '예'인 동시에 '아니오'이기도 하다. 물론 주님은 우리를 율법의 한 부분, 곧 여러 의식과 제사를 통해 언약을 유지할 필요성에서 자유케 하셨다. 하지만 율법의 다른 부분에 관해서는 그리하지 않으셨으며, 친히 이 땅에 와서 본을 보이기까지 하셨다. 곧 하나님 앞에서 거룩한 삶을 살아갈 필요성에 관한 부분이다. 그러므로 지금 많은 이가 율법을 곧 '무거운 속박의 멍에'로 여기지만, 우리는 그것을 '성화의 보조물'로 간주할 수 있다. 율법의 틀에 근거해서 거룩한 삶의 방식을 배워 갈 수 있기 때문이다.

행함을 통해 얻는 지식

그렇다면 율법은 어떤 식으로 그 경건한 삶의 길을 우리에게 가르칠까? 대부분의 사람에게, '교육'은 곧 지적인 배움을 의미한다. 이를테면 독서법이나 수학을 배우는 일 등이 거기에 속한다. 하지만 삶에는 이와 다른 배움의 방식들도 존재한다. 그중 하나는 **행함**을 통해 지식을 습득하는 것이다. 이때 우리는 어떤 활동을 재차 반복함으로써, 몸으로 그 일에 숙달하게 된다. 신명기의 율법도, 이런 식으로 거룩한 삶의 길을 가르치고 있다.

대개 우리는 이렇게 몸으로 습득하는 지식을 소위 실용적이거나 전문적인 기술들의 영역에 결부 짓는다. 예를 들면 필기체 쓰기와 자전거 타기다. 지금 서구권의 많은 이가 이러한 두 가지 기술을 익히는 일이 성장기의 중요한 과제였던 시대에 자랐다. 두 기술은 비교적 단순했지만, 습득 과정에서는 상당한 갈등과 좌절을 겪어야 했다.

내가 보기에, 이 갈등은 배움의 과정이 지니는 일종의 필수적인 특성을 드러낸다. 어른들이 필기체 쓰기나 자전거 타는 법을 아무리 말로 설명해 보려고 노력해도, 아이들은 스스로 **행함**을 통해서만 기술을 터득할 수 있다. 물론 부모나 교사들은 아이들에게 몇 가지 조언을 줄 수 있다. 하지만 이때도, 조언들은 본질상 신체적인 성격을 띤다. "제대로 쓴 필기체는 이렇게 **보인**단다." "페달을 밟으면서 균형을 잡고 앞으로 나아가면 이런 **느낌**이 들어." 이 과정에서 어른들은 몸으로 익혀야 하는 일을 말로 가르치려고 하다가 몇 번이고 실패하여 어려움을 겪는다. 아이들은 직접 그 일을 몇 번이고 계속 반복하는 동안에 필기체를 쓰거나 자전거 타는 법을 터득하게 된다. 그리고 마침내 그 일을 해냈을 때, 그에 대한 지식은 수학 지식만큼이나 실제적이지만 말로 설명하기는 훨씬 더 어려운 것이 된다. 하지만 이 신체적인 지식은 우리의 삶에 널리 자리 잡고 있으며, 그렇기에 우리는 종종 이런 격언들을 듣는다. "이는 마치 자전거 타는 법을 배우는 일과 같다."

또 다른 종류의 신체적인 지식에는, 자녀들이 어린 시절에 흔히 감당하는 집안일이 있다. 유년기에 나와 누이들은 저녁마다 혹은 매주 여러 집안일을 분담해서 해야 했다. 그중에는 청소기를 돌리거나 설거지를 하고 개에게 사료를 주며 잔디를 깎는 일들이 포함되어 있었다. 이 과제들을 완수하지 못할 경우, 텔레비전을 볼 수 없거나 용돈을 못 받았고, 옆집에 놀러가지 못하는 등의 불이익이 따랐다. 하지만 우리의 강한 의심에도 불구하고, 부모님이 그 일들을 시킨 목적은 우리의 값싼 노동력을 이용해서 집을 깨끗이 유지하려는 데 있지 않았다. 그분들의 의도는 자녀들에게 바른 삶의 미덕과 가치관, 유익한 태도들을 심어 주려는 데 있었다.

집안일들을 통해, 우리 가정은 바깥세상의 삶을 위한 하나의 훈련장이 되었다. 부모님은 우리가 어른이 된 뒤에도 설거지나 잔디 깎는 일을 잘하게 되기만을 바라셨던 것은 아니다. 우리가 이 일들을 통해 익힌 미덕과 가치관, 태도들을 삶의 다른 영역들에서도 드러내기를 원하셨다. 우리가 좋은 가족 구성원으로 자라나서, 나중에는 나라와 전 세계에서 선량한 시민이 되기를 기대하셨던 것이다. 그런데 이러한 일들은 그저 이론적인 학습을 통해 쉽게 습득되지 않는다. 꾸준하고 구체적인 실천으로 배워 가야만 한다. 사람들이 공동체를 위한 섬김의 중요성을 깨우치는 것은 한 차례의 어떤 강연을 들어서가 아니다. 오히려 자기 누이의 저녁 식사 그릇을 설거지함으로써 터득하게 된다. 다른 이들이 일하는 것을 옆에서 지켜본다고 해서 노동의 가치를 헤아릴 수 있게 되지는 않는다. 오히려 여름 한낮의 뜨거운 햇살 아래서 잔디 깎는 기계를 돌림으로써 그렇게 할 수 있게 된다.

신명기의 율법도 이와 같은 방식으로 거룩한 삶의 길을 가르친다. 율법은 백성에게 특정한 삶의 습관들을 실천하며 여러 의식을 준수하라고 요구했는데, 이는 그들 안에 올바른 가치관과 태도들을 심어 주기 위함이었다. 그러므로 이스라엘 백성의 종교 예식들은 속죄나 정결 등의 목표를 성취하기 위한 수단 이상의 의미가 있다. 가끔은 그럴 때도 있었지만, 대개는 '공허한 의식'이나 '맹목적인 규정'에 머물지 않았다. 그 의식과 규정은 마치 우리가 어린 시절에 감당했던 집안일과 같았다. 그 일들을 통해, 다른 식으로는 얻을 수 없는 생생하고 체험적인 지식이 백성의 삶에 자리 잡을 수 있었다.

율법: 감사의 태도를 가르치는 교사

신명기는 백성의 삶에 어떤 기질과 가치관을 심어 주었을까? 우리 중 대부분은 율법을 다루는 12-26장이 지루하고 따분한 내용들을 계속 늘어놓는다고 여긴다. 하지만 실제로는 상당 부분이 여러 절기와 축제를 다룬다. 그런데 본문에서는 절기들이나 축제들이 활력을 잃는 것보다, 도리어 너무 생기가 넘칠 것을 우려한다. 백성이 하나님을 향한 예배보다 유흥을 원하는 마음으로, 그릇된 동기에서 절기들을 즐길 수도 있었기 때문이다. 그래서 신명기는 이스라엘 백성이 절기들을 기념할 때 그들의 마음과 삶 속에 하나님을 향한 참된 **기쁨**과 **감사**를 심어 주는 일을 주된 목표로 삼는다.

12-26장은 성경의 어떤 본문보다도 더 명확히 '땅'에 초점을

맞춘다. 정확히 말하면, '땅'을 하나님이 이스라엘 백성에게 주신 유업(*nahalah*)으로 간주한다. 그런데 이 유업에는 독특한 조건들이 부가되어 있었다. 그 땅은 일종의 거룩한 의도가 담긴 선물이었으며, 땅을 주신 목적은 곧 지상에서 하나님의 어떠하심을 가장 잘 드러내는 곳이 되게 하시려는 것이었다. 이를 위해, 백성은 하나님께 바르게 예배하는 동시에 의로운 삶과 사회 정의의 실천을 통해 그분의 모습과 성품들을 나타내야 했다.

> 신명기 12장은 장차 이스라엘 백성이 약속의 땅에서 주님께 예배할 때를 내다보면서, '하나님 여호와께서 자기 이름을 두시려고 택하실 그곳'에 관해 언급한다(12:5, 11, 14, 18, 21, 26, NIV). 본문에서는 지명을 구체적으로 밝히지 않지만, 우리는 그곳이 예루살렘이며 주님의 이름이 그 성전에 거하게 될 것을 안다. 여호와의 이름이 성전에 거하시는 것은 곧 그분이 주인으로 그 안에 계시며, 백성이 그곳에서 하나님을 대면하며 경배하게 됨을 의미했다. 그런데 여기서 그 구절에 담긴 것은 그저 추상적인 개념에 그치지 않는다. 여러 고고학의 연구 결과에 따르면, 이 일 가운데는 자신이 세운 건물의 주춧돌에 통치자들이 실제로 이름을 새겼던 고대 세계의 관습이 반영된 것으로 보인다.[10] 이 관습의 목적은 단지 건물이 통치자의 소유임을 표시하려는 데 그치지 않았다. 그곳이 건축자인 자신의 가치관과 기대에 부합하는 방식으로 활용되어야 함을 나타내 주었다. 만약 어떤 이들이 그렇게 하지 않는다면 이는 그곳에 이름을 둔 통치자를 무시하는 행위로 간주되었다.

---

10 Sandra Richter, "The Place of the Name in Deuteronomy", *Vetus Testamentum* 57 (2007): 342-66를 보라.

이스라엘 백성이 이 일을 감당하기 위한 핵심 요건 중 하나는 그 땅을 늘 올바른 관점에서 바라보는 것이었다. 우상 숭배나 이방 종교들도 백성 앞에 놓인 실질적인 위험 요소였지만, 우리가 쉽게 간과하는 문제는 **땅** 자체도 그 요소 중 하나였다는 것이다. 신명기 8장은 이 점을 다음과 같이 잘 지적한다.

〔그때에〕네가 먹어서 배부르고 네 하나님 여호와께서 옥토를 네게 주셨음으로 말미암아 그를 찬송하리라 내가 오늘 네게 명하는 여호와의 명령과 법도와 규례를 지키지 아니하고 네 하나님 여호와를 잊어버리지 않도록 삼갈지어다 네가 먹어서 배부르고 아름다운 집을 짓고 거주하게 되며 또 네 소와 양이 번성하며 네 은금이 증식되며 네 소유가 다 풍부하게 될 때에 네 마음이 교만하여 네 하나님 여호와를 잊어버릴까 염려하노라 여호와는 너를 애굽 땅 종 되었던 집에서 이끌어 내시고 너를 인도하여 그 광대하고 위험한 광야 곧 불뱀과 전갈이 있고 물이 없는 간조한 땅을 지나게 하셨으며 또 너를 위하여 단단한 반석에서 물을 내셨으며 네 조상들도 알지 못하던 만나를 광야에서 네게 먹이셨나니 이는 다 너를 낮추시며 너를 시험하사 마침내 네게 복을 주려 하심이었느니라 그러나 네가 마음에 이르기를 내 능력과 내 손의 힘으로 내가 이 재물을 얻었다 말할 것이라 네 하나님 여호와를 기억하라 그가 네게 재물 얻을 능력을 주셨음이라 이같이 하심은 네 조상들에게 맹세하신 언약을 오늘과 같이 이루려 하심이니라(8:10-18)

신명기는 이처럼 장래에 이스라엘 백성이 그 땅을 자신들의 업적에 대한 일종의 '기념비'로 여기려는 유혹에 빠질 것임을 예고하고 있다.

그렇다면 백성이 함정에서 벗어나기 위해서는 어떻게 해야 했을까? 신명기 8장은 다음의 답을 준다. "**기억**하고 **감사**하라." 약속된 땅의 복과 자유를 누리면서 살아가는 동안, 백성은 앞서 애굽과 광야에서 겪은 일들, 곧 과거의 속박과 결핍을 늘 기억해야 했다. 그렇게 함으로써 스스로를 높이려는 교만과 허영심을 버리고 바른 삶의 관점을 간직할 수 있었다(14절). '겸손해진' 백성은 자신들을 '애굽 땅 종 되었던 집에서 이끌어 내[신]' 분이 바로 **하나님**이심을 되새기게 될 것이다(3, 14절). 그리고 황량한 광야에서 그들의 삶을 지탱해 주셨던 이 역시 그분이셨다. 이런 삶의 관점을 간직할 때, 백성은 다음의 단계로 나아가게 된다. 바로 감사다. 애굽과 광야의 일들을 기억할 때, 그들은 자신들에게 '유익하고 복된 땅을 주신 주 하나님을 찬양하게' 되는 것이다(10절, NIV). 간단히 말해, 자신들의 땅을 당연한 권리가 아닌 하나의 선물로 받아들여야 했다. 그리고 선물을 주신 분이 바로 하나님이심을 늘 기억해야 했던 것이다.

신명기 12장과 16장은 이스라엘 백성이 이 기억과 감사를 구체적으로 어떻게 실천해야 하는지를 보여 준다. 먼저 12장에서는 온 백성이 모여 하나님께 예배를 드리도록 선택된 곳에 초점을 둔다. 다만 강조점은 장소 자체에 있지 않으며, 구체적인 지명이 언급되지 않는 이유도 바로 그 때문이다. 오히려 여기서는 장소의 목적이 강조된다. 곧 하나님의 목적은 그분 자신의 '이름'이 그곳에 머물게 하는 데 있었다(12:5). 이 가르침이 상당히 신비스럽고 모호하게 들리지만, 본문의 의도는 매우 실제적이다.

> 본문의 핵심 요점은 … 여호와 하나님을 신실하게 섬겨야 한다는 데 있다. 참된 예배의 처소는 곧 그분께 온전하고 명확하게 속해 있는 바로 그곳이었다.[11]

달리 말해, 하나님은 그분의 이름을 이곳에 두심으로써 자신이 '온전하고 명확한' 방식으로 백성의 소유가 되리라고 약속하셨다. 그리고 백성 역시 그런 방식으로 그분께 속해야 했다. '택하신 곳'은 곧 여호와 하나님이 자기 백성을 만나 주시며, 그들을 그분의 형상다운 존재로 빚어 가시는 장소였다.

12장에서는 거기서 이스라엘 백성이 드릴 예배의 본질을 강조하면서, 그러한 변화가 어떻게 이루어지는지를 자세히 서술해 간다.

---

11 J. G. McConville, *Deuteronomy* (AOTC; Downers Grove: InterVarsity Press, 2002), 220. (『신명기』, 부흥과개혁사)

오직 너희의 하나님 여호와께서 자기의 이름을 두시려고 너희 모든 지파 중에서 택하신 곳인 그 계실 곳으로 찾아 나아가서 너희의 번제와 너희의 제물과 너희의 십일조와 너희 손의 거제와 너희의 서원제와 낙헌 예물과 너희 소와 양의 처음 난 것들을 너희는 그리로 가져다가 드리고 거기 곧 너희의 하나님 여호와 앞에서 먹고 너희의 하나님 여호와께서 너희의 손으로 수고한 일에 복 주심으로 말미암아 너희와 너희의 가족이 즐거워할지니라(12:5-7)

본문에서 언급되는 중심 활동은 백성이 약속의 땅에서 얻은 결실을 하나님 앞에 제물로 바치는 일이다. 이는 우연이 아니니, 그 안에는 예식들의 핵심 본질이 담겨 있었다. 이스라엘 백성은 하나님께 나아가 예배하며 소산물의 일부를 드림으로써, 그 땅이 곧 그분의 선물임을 드러내야 했다.

그런데 신명기에 따르면, 이 일들을 행하는 것만으로는 충분하지 않았다. 백성은 또한 올바른 성품을 갖추어야 했다. 그러므로 여기서 실로 독특한 명령이 나온다. **"즐거워하라!"** 12장에서는 세 차례에 걸쳐 온 백성이 하나님께 즐거이 예배할 것을 명령한다(7, 12, 18절). 각 구절은 예배에 관한 일련의 지침 뒤에 이어진다. 지침들에 따르면, 백성은 자신들의 제물을 하나님 앞에 드린 다음에 그중 일부를 가지고서 다른 이들과 함께 축제를 누려야 했다. 그런데 이 본문의 요점은 하나님을 향한 예배가 그저 제물을 드리는 행위로 끝나지 않는다는 데 있다. 아마 당시의 백성은 그 규정이 다음의 두 부분으로 이루어져 있다고 여기기 쉬웠을 것이다. 하나님께 드리는 제사와 다른 이들과 함께 누리는 잔치. 하지만 신명기의 가르침에 따르면, 백성의 예배는 그들이 그 일을 진심으로 **즐거워하고 누린** 뒤에만 온전히 완성될 수 있었다.

그런데 신명기에서는 어떻게 백성에게 즐거움을 **명령할** 수 있었을까? 누군가에게 어떤 감정을 느끼도록 요구하는 일이 과연 가능할까? 어떤 이들에게는 다소 이상하게 들리겠지만, 그 답은 '그렇다'이다. 본문의 요점을 더 정확히 밝히자면, 우리는 특정 상황에서 특정한 감정들을 느끼도록 스스로를 훈련할 수 있다. 그리고 이 지점에서, 16장의 가르침이 중요한 역할을 한다.

신명기 16장에서는 이스라엘 백성이 준수해야 했던 세 차례의 순례 절기들을 제시한다. 유월절(혹은 무교절)과 칠칠절, 초막절이다. 매년 이 시기마다, 백성은 거주지를 떠나 하나님이 택하신 곳에 가서 예배해야 했다. 그런데 우리는 이 절기들의 핵심에 놓인 신학적인 목적을 간과하기 쉽다. 그 목적은 바로 백성이 과거에 겪은 출애굽 여정을 기리는 데 있었다.

이 절기들을 통해, 이스라엘 백성은 애굽에서 광야를 거쳐 약속의 땅에 이르렀던 여정을 매년 재현했다. 여기서 핵심이 되는 것은 바로 그들이 특정한 분위기 가운데서 그 사건들을 돌아보는 방식이었다. 먼저 유월절은 애굽의 삶과 광야 생활을 기리는 절기였으며, 이때 백성은 고난과 슬픔의 분위기 속에서 그 일을 수행했다. 그 예로, 다음의 구절들을 들 수 있다(강조점은 저자가 붙임).

> 무교병 곧 **고난의 떡**을 … 먹으라 이는 네가 애굽 땅에서 급히 나왔음이니 이같이 행하여 네 평생에 항상 네가 애굽 땅에서 나온 날을 기억할 것이니라(16:3)

> 네가 애굽에서 나오던 시각 곧 **초저녁 해 질 때**에 유월절 제물을 드리고(16:6)

> 아침에 **네 장막**으로 돌아갈 것이니라(16:7)

이 언급들은 우연이 아니다. 절기를 음울한 방식으로 묘사하려는 신명기의 노력 중 일부였다. 본문에 따르면, 이스라엘 백성은 저녁의 어둠 속에서 절기를 지켜야 했다. 그리고 이때 그들이 먹는 음식은 과거에 겪은 '고난'의 때를, 주위 환경은 안정된 거주지가 없이 '장막'에 머물렀던 일을 상기시켜 주었다.

이와 달리, 칠칠절과 초막절은 약속된 땅에서 누리는 기쁨에 초점을 둔 절기들이었다. 이 절기들이 농사력의 주요 시점들인 수확기의 처음과 끝에 위치한 것 역시 우연이 아니다. 칠칠절은 수확기의 처음에 준수되었는데, 이때는 곡식의 첫 열매가 무르익는 시기였다. 그리고 초막절은 수확기의 끝에 준수되었으며, 무화과와 대추, 올리브와 포도 열매를 거두는 시기였다. 유월절에는 음식이 과거의 고난을 일깨우는 방편으로 쓰였지만, 이 절기들에서는 그것이 기쁨과 즐거움의 원천이 되었다. 따라서 이 두 절기를 지킬 때, 백성은 마땅히 기뻐해야 했다(16:11, 14). 그런데 그 기쁨은 그저 감정적인 수준에 그치지 않는다. 신명기의 다른 본문들에서와 마찬가지로, 곧 하나님을 향한 감사에 수반되는 기쁨이었다. 그리고 백성은 주위 사람들에게 후히 베풂으로써 감사의 마음을 드러내야 했다. 그 절기들은 백성이 하나님 앞에서 기뻐하는 동시에, 주위의 어려운 이들을 돌아보는 기회가 되어야 했던 것이다. 하나님이 이스라엘 백성을 선하게 대하셨듯이, 그들 역시 다른 이들을 향해 그렇게 해야 했다.

신명기의 율법은 감사를 가르치는 교사의 역할을 한다. 특정한 의식들을 계속 준수하게 함으로써, 백성의 행실뿐 아니라 **감정**까지 훈련시켰던 것이다. 이런 의미에서, 율법은 마치 우리가 어린 시절에 감당했던 집안일과 같았다. 그 순종의 행위들을 통해, 각 사람의 삶에서 특정한 가치관과 태도들이 조금씩 자라났다. 그리하여 마침내는 크고 풍성한 경건의 열매들을 맺게 된다.

순종을 통해 하나님을 알아 가기

오늘날 우리에게 이보다 더 적절한 메시지는 없을 것이다. 현대 세계의 핵심 문제를 정확히 지적하고 있다. 우리 중 대부분은 실제로 필요한 것보다 훨씬 더 많은 물질을 소유하고 있다. 하지만 이웃이 새 차를 사거나 친구들이 부엌 인테리어를 새로 할 때마다 쉽게 질투심을 품곤 한다. 동료가 승진하거나 포상을 받을 때도, 내 존재가 초라해지는 듯한 느낌이 든다. 물론 이런 감정들을 숨기거나 그럴싸하게 포장하는 데 능숙하지만, 결국 문제의 본질은 단순하다. **하나님께 감사하지 못하고 있기** 때문이다. 인간은 늘 주위 사람들과 스스로를 비교하며, 자신이 이미 얻은 복을 잊어버리는 동시에 다른 이들이 가진 것을 탐낸다. 신명기의 가르침에 따르면, 이처럼 감사하지 못하는 성향은 실로 은밀한 성격을 띤다.

우리는 이 문제를 어떻게 극복할 수 있을까? 신명기의 본을 좇아, **기억**하고 **감사**하는 것이 최선이리라. 이는 과거의 일들과 지금의 모습을 살피면서, 그 모든 일 가운데서 역사하신 하나님의 손길을 헤아리는 것을 의미한다. 이같이 행할 때, 우리 안에 새롭게 감사가 생겨나게 된다.

우리는 다양한 방식으로 이 일들을 실천할 수 있다. 다만 어느 정도 **일정한** 빈도를 유지하는 것이 중요하다. 꾸준히 반복해야 감사가 우리 삶에 깊이 새겨진다. 한 예로, 우리 가족이 매 주일 실행하는 다음의 습관을 들 수 있다. 우리는 동네를 산책하면서 여러 감사한 일에 관해 이야기를 나눈다. 좋은 직장, 편안한 집, 맛있는 식사를 누리는 내용을 주로 나눈다. 그리고 과거를 회상하면서, 내게 직장이 없었거나 열악한 환경에 처했던 때, 혹은 우리만의 집이 없어서 이곳저곳에 세 들어 살아야 했던 때를 돌아본다. 아이들은 그러한 과거의 일을 잘 기억하지 못하기에, 지금의 축복을 당연한 권리로 여기지 않게끔 늘 일깨워 줄 필요가 있다.

아내와 나는 대화의 주제를 더 넓혀서, 아이들에게 역사적인 일들이나 세계적인 문제들을 들려주기도 한다. 이를테면 우리의 증조부모 세대가 오랜 마차 여행을 거쳐 이 지역에 정착해서 농장을 일구게 된 일이나, 오늘날 세계의 다른 어린이들이 어떻게 살아가고 있는지에 관한 내용들이다. 이 과정에서, 우리는 아이들에게 감사의 제목을 물어보기도 한다. 그리고 이 모든 일 가운데서 역사하시는 하나님의 손길을 기억하고 되새기는 것도 잊지 않는다. 또 우리는 자녀들이 이 감사와 더불어 이웃을 사랑하는 마음을 품을 수 있도록 돕는다. 하나님께 감사하는 태도와 이웃을 섬기는 삶이 서로 밀접히 이어져 있기 때문이다.

아마도 우리가 하나님께 감사하는 일의 가장 명백하면서도 자주 간과되는 방편은 성찬일 것이다. 그 이름 자체에서 드러나듯이, 성찬은 감사의 궁극적인 실천이다. '성찬'(Eucharist)은 곧 '감사'를 뜻하는 그리스어에서 유래했다. 주님의 살과 피에 참여할 때, 우리는 그분의 십자가에서의 죽으심을 기억하는 동시에 이를 통해 우리에게 주어진 복에 감사하게 된다. 그리고 이 과정에서, 웨스트민스터 신앙고백에서 '사람의 주된 목적'으로 여긴 것을 (존 파이퍼에 의해 다소 수정된 방식으로) 성취하게 된다. '하나님을 영원히 **즐거워함으로써** 그분을 영화롭게 하는' 일이다.[12]

---

12 John Piper, *Desiring God: Meditations of a Christian Hedonist*, revised edition (Colorado Springs: Multnomah Books, 2003), 18. (『하나님을 기뻐하라』, 생명의말씀사)

| 읽어 볼 글들 |

- 신명기 8:10-18
- 요한복음 15:9-17
- 로마서 1:18-32

| 생각해 볼 질문 |

01 지금까지는 구약의 율법을 어떻게 이해해 왔는가? 그 이해는 어디에서 유래했는가?

_____

_____

02 종교적인 관행이 경건한 미덕과 삶의 태도를 기르는 데 긍정적인 역할을 한다고 여겨 본 적이 있는가? 여러분이나 주위 사람들의 삶에서, 이 모습은 실제로 어떻게 드러나고 있는가?

_____

_____

03 위에서 제시한 성경 구절들을 살필 때, 하나님께 감사하는 일과 다른 이들에게 기쁨으로 사랑을 베푸는 일 사이에는 어떤 연관성이 있는가? 그 연관성에 담긴 의미는 무엇인가?

_____

_____

6장

27-34장: 하나님을 아는 방편 – 언약

　신명기 27-34장은 책 전체의 내용을 마무리하면서, 이스라엘 백성이 직면한 하나의 도전에 초점을 맞춘다. 장차 백성이 모세의 돌봄 없이 약속의 땅에서 살아가야 한다는 것이다. 모세는 곧 세상을 떠날 것이며, 그의 부재는 지도력 측면에서 큰 공백으로 남을 것이었다. 모세가 여러 가지로 이 문제를 대비하지만, 가장 까다로운 것은 자신이 수행했던 가장 중요한 역할, 곧 언약을 중재하는 직무를 대체하는 일이었다. 이 신명기의 끝부분에서 여러 실질적인 사안을 다루는 데 그치지 않고, 다시금 언약에 관한 이 핵심 주제에 관심을 쏟는 이유도 여기에 있다. 모세는 백성을 향해 이렇게 권면하는 듯이 보인다. "결국에는 너희 스스로 하나님을 신뢰하는 법을 배워 가야 한다." 이전까지는 이스라엘 백성이 두려움에 떨 때마다 모세가 하나님과 백성 사이를 중재했지만(5:5, 23-27), 이제는 백성이 직접 그 일을 감당해야 했다. 이를 통해, 신명기에서는 백성이 언약 가운데서 하나님을 더 잘 알아 가게 됨을 드러내고 있다.

헌신을 통한 앎

나무들이 자랄 때와 마찬가지로, 사람들 사이의 인격적인 관계가 성숙해 가기 위해서도 일정한 시간과 공간이 필요하다. 곧 하나의 안전하고 흔들림 없는 환경이 요구된다. 그래야 관계가 서로의 불완전함으로 인해 깨어질 염려 없이 성장하고 발전하며 깊어져 갈 수 있다. 어떤 나무들이 그렇듯이, 때로 이 관계들은 여러 해가 지나서야 마침내 열매를 맺기 시작한다. 그러므로 우리 앞에 놓인 질문은 관계들이 자라 가는 데 필요한 환경을 어떻게 조성해야 할까이다. 답은 바로 **진지한 약속**이다.

단순하고도 아름다운 다음의 글에서, 루이스 스메디즈는 약속이 어떻게 이러한 효력을 지니는지를 서술한다.

한 여성이 누군가에게 어떤 일을 약속할 때, 그녀는 예측할 수 없는 내일의 상황 속으로 손을 뻗어서 작지만 예측 가능한 현실을 빚어낸다. 그리고 한 남성이 어떤 일을 약속할 때, 그는 거대한 불확실성의 바다 한가운데에 확실성의 섬을 만들어 낸다. … 이처럼 무언가를 약속할 때, 우리는 아무도 앞일을 내다볼 수 없는 깊은 정글 안에 작은 신뢰의 성소를 짓는 셈이 된다.[13]

그가 제시한 이 언어적인 이미지들의 핵심에는 이와 같은 개념이 놓여 있다. "누군가에게 무언가를 약속할 때, 우리는 이 험한 세상에서 그에게 안전한 장소를 마련해 주는 것과 같다."

약속의 가장 놀라운 부분은 그것을 통해 실제로 이 안전한 장소가 구현되는 방식에 있다. 이에 관해, 스메디즈는 이렇게 언급한다. "우리는 쉽게 내다볼 수 없는 미래의 환경에서도 어떤 이와 함께할 것을 오직 스스로의 의지에 근거해서 보증하게 된다."[14] 달리 말해, 약속의 행위는 명확히 인격적인 성격을 띤다. 상대방에게 제공하는 것이 오직 나의 의지 자체이기 때문이다. 이때 우리는 상대방이 겪는 곤경을 극복해 낼 길이나 방편을 즉시 가져다주는 것이 아니다. 그리고 쉽게 삶의 번영을 누릴 전략들을 보여 주는 것도 아니다. 그저 내 의지를 그 사람에게 전해 줄 뿐이며, 놀랍게도 바로 이 일이 그에게 든든한 '확실성의 섬'을 만들어 주는 것이 된다.

---

13 Smedes, "Controlling the Unpredictable: The Power of Promising", in *Christianity Today*, January 21, 1983, 16, 17.
14 Smedes, "Controlling the Unpredictable", 18.

이 '신뢰의 성소'에서, 우리는 서로를 깊이 알아 갈 수 있는 일종의 독특한 환경 속으로 들어간다. 한편으로, 이곳에서 나의 참된 정체성을 깨닫게 된다. 스메디즈의 말을 들어보라. "우리가 다른 이들을 상대로 어떤 약속들을 맺고 지켜 가려 애쓰고 있는지를 살필 때, 우리 자신이 누구이며 어떤 존재인지를 명확히 헤아리게 될 것이다."[15] 그리고 다른 한편으로, 상대방과 동행하면서 그가 실제로 어떤 사람인지를 더 깊이 알아 간다. 여기에는 일종의 위대한 역설이 존재한다. 어떤 이와의 약속을 통해 내 삶을 그에게 결속시킬 때, 비로소 내 참모습을 찾아갈 가능성을 발견하게 된다는 것이다.

조부모님의 예순 번째 결혼기념일에 그분들과 대화를 나누었다. 당시 두 분은 우리 부부가 결혼한 지 얼마나 되었느냐고 물으셨고, 우리는 십이 년이 지났다고 말씀드렸다. 그러자 할머니가 말씀하셨다. "아, 나는 결혼한 지 십이 년이 지난 후에도 너희 할아버지가 어떤 사람인지 전혀 몰랐었단다! 사실 삼십 년이 흐른 뒤에도, 내가 저 사람을 조금이라도 아는 게 맞는지 확실치 않았지. 마침내 오십 년이 지나서야 겨우 저 사람을 제대로 이해하게 되었단다."

---

15 Smedes, "Controlling the Unpredictable", 18.

이때 할아버지가 이렇게 푸념하셨다. "주님, 그때 제가 어떤 일을 겪게 될지 미처 몰랐던 것이 참 다행입니다. 만약 장래의 일들을 절반이라도 미리 알았더라면…."

그러자 할머니가 얼른 쏘아붙이셨다. "여보, **정신 차려요!**"

그 뒤에도 우리는 유쾌한 대화를 이어 갔다. 그런데 갑자기 내 머릿속에 이와 같은 생각이 떠올랐다. '두 분이 이렇게 서로를 알아 갈 **환경**이 되어 준 것은 처음에 두 분이 평생 헌신할 것을 다짐했던 그 혼인 서약이었구나!' 서약에 토대를 둔 안전한 환경이 없었다면, 두 분이 서로의 참모습을 깊이 알아 가는 일은 결코 일어날 수 없었을 것이 분명했다. 물론 이러한 통찰은 오늘날 젊은이들의 일상적인 관행과는 상반되는 성격을 띤다. 점점 더 많은 이가 먼저 동거를 하면서 과연 혼인 관계로 나아가도 될지를 알아보려 한다. 하지만 위에서 살폈듯이 안전한 환경을 제공하는 것이 바로 서약과 헌신이라면, 그 조건 없이는 서로를 진정으로 알아 갈 수 없다.

하나님과 그분께 속한 백성 사이의 언약에 관해서도 이와 똑같이 언급할 수 있다. 언약의 약속들은 내가 하나님을 알아 가며 또 그분 앞에 나 자신을 드러낼 수 있는 일종의 안정된 환경을 제공한다. 스메디즈에 따르면, 하나님은 그분의 백성을 향해 이렇게 말씀하신다.

내 백성은 내게 속한 자들로서 내게 늘 의존해서 살아가는 이들이다. 그들은 내가 준 약속들을 통해 나를 안다. 그리고 내 약속은 내가 지금 그들에게 어떤 존재이며, 장차 어떤 존재가 될 것인지에 관한 것들이다. 그리하여 진정으로 내가 누구인지를 알 때, 그들은 비로소 나를 신뢰하면서 살아가게 된다. 그들은 나를 알며, … 내게 그 약속들을 지킬 능력이 있음을 안다.[16]

이 말이 옳다면, 우리는 오직 하나님과 약속을 맺고 또 지켜 가는 일을 통해서만 그분을 알아 갈 수 있다.

언약: 하나님의 어떠하심을 배워 가기 위한 환경

이 관점에서 살필 때, 신명기 27-34장의 내용을 새로운 시각에서 헤아릴 수 있다. 물론 이 장들에서 모세가 세상을 떠난 뒤에 백성이 언약을 삶의 중심으로 삼을 여러 방편을 개관하는 것은 사실이다. 하지만 이 형식적인 구조들 아래에는 더 깊은 의미의 흐름이 담겨 있다. 이 방편들이 중요한 이유는 그것들을 통해 하나님의 약속들이 보존되기 때문이다. 그리고 그 약속들은 곧 이스라엘 백성이 여호와 하나님을 **참되게** 알아 갈 수 있게 하는 일종의 환경이 되어 준다. 이 방편들은 곧 백성이 언약의 약속들을 기억하

---

16 Smedes, "Controlling the Unpredictable", 18.

게 돕고, 그 약속들은 하나님을 향한 그들의 약속과 그들을 향한 하나님 자신의 약속으로 이루어져 있었다.

이 중 가장 눈에 띄는 방편은 27-28장에서 자세히 서술되는 언약 갱신 의식이다. 이 본문에서, 모세는 백성이 약속의 땅에 들어간 뒤에 하나님을 향한 언약적 헌신을 어떻게 갱신해야 하는지를 언급한다. 그리고 이 의식을 거행할 장소로 세겜이 지정된 일은 결코 우연이 아니다. 바로 그곳에서, 고향을 떠나온 아브라함이 다시 하나님을 대면하고 다음의 약속을 받았다. "내가 이 땅을 네 자손에게 주리라"(창 12:7). 이에 아브라함은 그곳에 제단을 쌓고, 하나님이 자신에게 다시 나타나셔서 이전의 약속들을 확증해 주신 일을 기념했다. 이처럼 세겜은 중요한 의미를 지닌 곳이었다. 그곳은 하나님과 백성 사이의 언약과 약속이 체결되고 확증되는 일을 뚜렷이 드러내는 땅이었다. 그러므로 모세가 백성에게 장차 그곳에 모이도록 지시했을 때, 그 의도는 시내산 언약을 고대의 아브라함 언약과 결부 지으려는 데 있었다.

> 고대의 세겜 지역은 오늘날 서안 지구에 있는 나블루스 시의 외곽에 위치한다. 북쪽에는 에발산이, 남쪽으로는 그리심산이 자리 잡고 있다. 흥미롭게도, 지난 수십 년간 에발산에서 발굴되어 온 고대의 유적들은 신명기 27장과 여호수아 8장 30-35절에 기록된 그 의식의 내용과 상당한 유사성을 띤다. 이 유적들의 정확한 출처에 관해서는 논란이 지속되고 있지만, 다음의 몇 가지 주요 측면에서 그것들은 성경의 기록에 부합하는 특

> 징을 지닌다. 먼저 유적들은 에발산에 위치할 뿐 아니라 주전 1200년경의 것으로 추정되며, (제물들을 소각하는 데 쓰인) 다듬지 않은 돌로 만들어져 있다. 그리고 그곳에는 몇몇 동물의 뼈가 묻혀 있었고, 이는 당시 이스라엘 백성의 식생활과 종교적인 제사 의식이 어떠했는지를 보여 준다.[17] 나아가서 이 유적지는 주변 일대에서 이 모든 특성을 드러내는 유일한 지역이기도 하다.

의식 자체는 다소 복잡했다. 우선 열두 지파가 반으로 나뉘어 세겜을 둘러싼 에발산과 그리심산 기슭에 각기 자리를 잡았다. 그 다음, 그리심산에 선 여섯 지파가 골짜기 너머로 언약의 축복들을 선포했다. 이어 에발산에 있는 여섯 지파가 언약의 저주들을 낭독하며 이에 화답했다. 그 뒤에는 온 지파가 에발산에 모여 제단을 쌓고 하나님께 제사를 드렸으며, 돌들을 세워 율법을 그 위에 기록했다. 이를 통해, 이스라엘 백성은 하나님과의 약속을 자신들의 마음속에 깊이 새겼다.

모세가 백성에게 명령한 또 다른 방편은 율법서를 잘 보존하고 낭독하는 일이었다.

또 모세가 이 율법을 써서 여호와의 언약궤를 메는 레위 자손 제사장들과 이스라엘 모든 장로에게 주고 모세가 그들에게 명령하

---

17 이 내용을 더 자세히 살펴려면, Richard Hess, *Israelite Religions* (Grand Rapids: Baker Academic, 2007), 216-21를 보라. (『이스라엘의 종교』, CLC)

여 이르기를 매 칠 년 끝 해 곧 면제년의 초막절에 온 이스라엘이 네 하나님 여호와 앞 그가 택하신 곳에 모일 때에 이 율법을 낭독하여 온 이스라엘에게 듣게 할지니 곧 백성의 남녀와 어린이와 네 성읍 안에 거류하는 타국인을 모으고 그들에게 듣고 배우고 네 하나님 여호와를 경외하며 이 율법의 모든 말씀을 지켜 행하게 하고 또 너희가 요단을 건너가서 차지할 땅에 거주할 동안에 이 말씀을 알지 못하는 그들의 자녀에게 듣고 네 하나님 여호와 경외하기를 배우게 할지니라(31:9-13)

이 내용에는 '문서 조항'으로 불리는 고대 조약의 관행이 반영되어 있다. 당시 이 관행의 의도는 사람들이 공적인 관계의 규정들을 잘 파악하고 지키게 하려는 데 있었다.

그런데 여기서 신명기와 고대의 다른 조약들 사이에 한 가지 주된 차이점이 있음을 기억해야 한다. 신명기의 경우, 그 관행을 (정치적인 방식 대신에) 종교적인 방식으로 활용하고 있다. 신명기는 낭독의 관행을 언약의 목적에 부합하게 가져다 쓰고 있으며, 이는 그것이 예배의 한 부분이었음을 보여 준다. 매 칠 년째의 초막절에, 백성은 하나님이 택하신 곳에 모여 율법의 말씀에 귀를 기울였다. 이때 그 일의 명시적인 목적은 '주님을 경외하는 법을 듣고 배우게' 하는 것과 '이 율법의 모든 말씀을 지켜 행하게' 하는 일에 있었다(31:12, NIV). 하지만 이 관행에는 그보다 더 깊은 의미가 담겨 있었다. 이렇게 모일 때마다, 백성은 과거에 선조들이 하나님과 동행해 온 여정을 듣게 되었던 것이다. 하나님이 선조들을 곤경에서 건지시고 선과 자비를 베푸신 일, 그분 자신을 계시하시며 긍휼을 드러내신 일들에 관한 이야기였다. 간단히 말해, 이때 그들이 접하는 것은 하나님이 주신 약속들의 역사, 곧 그분이 친히 약속하고 또 이행하신 일들에 관한 확증이었다.

신명기에 나오는, 하나님이 행하신 일들을 기억하게 하는 마지막 방편은 바로 노래다. 이에 관해, 하나님은 이렇게 말씀하신다. "이제 너희는 이 노래를 써서 이스라엘 자손들에게 가르쳐 그들의 입으로 부르게 하[라]. … 그들의 자손이 부르기를 잊지 아니한 이 노래가 그들 앞에 증인처럼 되리라"(31:19, 21). 이 노래는 신명기의 여러 방편 중에서도 가장 흥미로운 성격을 띤다. 하나님이 친히 모세에게 노래를 가르치시고, 모세가 온 백성에게 노래를 전해 주었다.

32장의 노래는 흔히 '모세의 노래'로 불리며, 매우 포괄적인 내용이 담겨 있다. 백성이 하나님과 동행했던 초기의 역사에서 시작해서, 결국 그들이 그분께 반역하고 징벌을 받게 될 미래의 일을 내다보는 데로 나아가고 있다. 적어도 백성에게, 그것은 일종의 장밋빛 전망이 담긴 노래가 아니었다. 이 노래는 언약의 두 당사자인 여호와 하나님과 이스라엘 백성을 서로 대조한다. 하나님은 선하고 신실하신 아버지인 반면에, 백성은 버릇없고 반항적인 자녀로 묘사된다.

> 그는 네 아버지시요 너를 지으신 이가 아니시냐?
> > 그가 너를 만드시고 너를 세우셨도다(32:6)

> 여호와께서 그를 황무지에서,
> > 짐승이 부르짖는 광야에서 만나시고
> 호위하시며 보호하시며
> > 자기의 눈동자 같이 지키셨도다(10절)

> 여수룬이 기름지매 발로 찼도다
> > 네가 살찌고 비대하고 윤택하매
> 자기를 지으신 하나님을 버리고
> > 자기를 구원하신 반석을 업신여겼도다(15절)

이에 주님은 자녀들을 향해 깊은 진노를 드러내시며, 계획해 두신 징벌을 선포하신다. 그분은 심지어 자기 얼굴을 가릴 것을 다짐하신다(20절).

하지만 갑자기 하나님이 자신의 계획들을 돌이키신다. 여기서 하나님은 마치 그분이 주신 고대의 언약들을 기억해 내신 듯이 보인다. 그러고는 지극히 아름다운 약속을 베푸신다(32:36-39).

참으로 여호와께서 자기 백성을 판단하시고
    그 종들을 불쌍히 여기시리니
곧 그들의 무력함과
    갇힌 자나 놓인 자가 없음을 보시는 때에로다
또한 그가 말씀하시기를 그들의 신들이 어디 있으며
    그들이 피하던 반석이 어디 있느냐?
그들의 제물의 기름을 먹고
    그들의 전제의 제물인 포도주를 마시던 자들이
일어나 너희를 돕게 하고
    너희를 위해 피난처가 되게 하라
이제는 나 곧 내가 그인 줄 알라
    나 외에는 신이 없도다
나는 죽이기도 하며 살리기도 하며
    상하게도 하며 낫게도 하나니
내 손에서 능히 빼앗을 자가 없도다

  본문의 이미지는 한 아내가 자신의 가정을 뒤로하고 다른 연인들을 따라다니다가 결국 그들에게 버림받고 홀로 남게 된 모습이다. 그러던 어느 날, 갑자기 남편이 아내 앞에 나타나서 그녀를 데리고 집으로 돌아간다.

  신명기의 다른 어느 구절보다도, 바로 이 본문에서는 헌신된 관계를 통해 얻을 수 있는 앎의 깊이를 깨달을 수 있다. 어떤 두 당사자의 관계는 하나의 약속에 근거하는데, 그 약속이 무참히 깨어질 때가 있다. 이때 양자의 관계는 분열되고, 신뢰의 성소도 무너져 버린다. 하지만 이런 상황에서도, 배신을 당한 쪽에게는 일종의 선택권이 남아 있다. 곧 미련 없이 발길을 돌려 떠나든지, 아니면 여전히 그 관계 속에 남는 편을 선택할 수 있다. 상처를 입은 쪽이 그이기에, 분열을 치유할 권한 역시 그에게 있다. 만약 그가 관계를 회복하는 편을 선택한다면, 스스로 명확한 의사를 드러내야 한다. 곧 **자신이** 처음에 주었던 약속을 새롭게 갱신하는 것이다. 약속을 깨뜨린 이는 자신이 아니지만, 관계 회복을 위해서는 그가 먼저 손을 내밀어야 한다. 본문에서는 주님이 바로 이 일을 행하신다. 그분은 이스라엘 백성에게로 돌아오셔서 그들을 향한 자신의 약속을 갱신하시며, 이를 통해 신뢰의 성소를 회복시키신다. 이때 백성은 하나님에 관해 다른 식으로는 배울 수 없었을 무언가를 깨닫게 된다. 신실하실 뿐 아니라 **오래 참으시는** 분이기도 하다는 것이다. 그리고 구약의 호세아서에서 이러한 하나님의 성품이 구체화될 때, 우리는 이 진리를 생생한 방식으로 헤아릴 수 있게 된다.

언약을 통해 하나님을 알아 가기

언약은 하나님의 백성이 그분을 더 깊이 알아 갈 수 있는 하나의 고유한 환경과도 같다. 안전하고 지속적인 신뢰의 공간을 제공해 준다. 어떤 이들에게는 이러한 사실이 상당한 도전으로 다가올 것이다. 우리는 기껏해야 '언약'을 '양쪽의 관계가 성립하기 위한 일종의 수단' 정도로 간주하며, 최악의 경우에는 '포로들이 속박되어 있는 하나의 감옥'처럼 여기기도 한다. 하지만 위에서 살폈듯이, 하나님과 우리의 언약은 서로의 약속 위에 세워져 있다. 그리고 그 약속은 이 관계에 진정한 생명력을 부여한다. 우리가 하나님께 스스로를 헌신하며 서약할 때, 그분이 베푸시는 보호의 손길이 우리 삶을 둘러싼다. 그리고 그 후로는 주위 환경이 아무리 사납게 요동치더라도, 그 손길 아래서 평온한 마음으로 주님과 우리 자신을 알아 가게 된다. 여기서 얻는 주된 교훈은 언약의 개념을 풍성히 헤아릴 수 있게 우리의 마음을 늘 가다듬어야 한다는 데 있다.

성찬은 그리스도인들이 하나님과의 언약을 새롭게 갱신하는 자리다. 그렇기에 우리의 마음을 새롭게 가다듬는 일 역시 그곳에서 시작된다. 우리는 먼저 성찬을 곧 '신뢰의 성소'를 짓는 데 다시 헌신하는 일로 바라보아야 한다. 우리는 그 예식을 그저 죄들에 대한 참회의 자리로 여기면서 나아올 때가 많다. 물론 참회도 꼭 필요하지만, 그 일은 더 넓은 언약의 목표 안에서 이루어져야 한다. 우리가 하나님을 알고 또 그분께 알려진 바 되는 것이 바로 그 목표이다. 이 자리에서 우리의 잘못과 허물을 고백하는 것은 다시금 주님과 함께 앞으로 나아가기 위함이며, 이는 모든 관계에서 통용되는 진리다.

둘째, 오랜 언약의 역사를 숙고해야 한다. 성경의 언약에는 통상적인 혼인 서약을 능가하는 한 가지 큰 이점이 있다. 상대자이신 하나님이 이전에 어떻게 일해 오셨는지에 관한 고대의 기록들이 그 속에 담겨 있다. 달리 말해, 우리가 소유한 것은 그분의 약속들만이 아니다. 우리 앞에는 과거에 그분이 자신의 백성과 동행해 오신 모든 역사의 흔적들이 놓여 있다. 그리고 그 역사의 기록들이 제시하는 사실은 무엇일까? 이는 지난 수천 년에 걸쳐, 그분이 은혜롭고 신실하며 사랑 많으신 분임을 친히 입증해 오셨다는 것이다.

나아가서 하나님은 자신이 늘 인내하며 오래 참으시는 분임을 드러내셨다. 모세의 노래에 담긴 이 진리는 호세아와 창녀 고멜의 이야기를 통해 구체화되었으며, 마침내 이 땅에 오신 그리스도의 인격 안에서 생생한 현실로 드러났다. 주님은 십자가에서, 언약의 상대자인 우리를 향한 그분의 깊은 사랑과 헌신을 보여 주셨던 것이다. 그러므로 성찬에 나아올 때마다, 다음의 사실을 기억해야 한다. '이곳은 그리스도와의 언약에 나 자신을 다시금 드리고 헌신하는 자리다.' 이 언약 안에서, 우리는 안전한 성소 안에 거하면서 하나님을 더 깊이 알아 가고 또 그분께 알려지게 된다.

| 읽 어 볼 글 들 |

- 신명기 32:10-18
- 호세아 11:1-8
- 마태복음 23:37-39

| 생 각 해 볼 질 문 |

01 이 장을 읽기 전까지는 언약을 어떻게 이해하고 있었는가?

_____

_____

02 언약의 개념을 '신뢰의 성소'로 이해할 때, 성경의 언약을 바라보는 우리의 시각은 어떻게 달라지겠는가?

_____

_____

03 위에 제시한 성경 본문들을 살필 때, 언약의 상대자로서 하나님과 그분의 백성이 각기 지닌 특징에 관해 무엇을 배울 수 있는가?

_____

_____

7장

예수님과 신명기: 하나님을 아는 방편 – 은혜

 신명기에서는 그리스도의 인격을 어떻게 내다보는가? 이는 곧 모세의 중재에 근거한 옛 언약이 그리스도의 십자가에서의 죽으심을 통해 도입된 새 언약과 어떻게 연관되는지에 관한 물음이다. 여기서 문제점은 두 언약의 메시지가 때로 상반되는 듯이 보인다는 것이다. 전자의 언약은 법적인 규정과 제재가 특징인 데 반해, 후자의 주된 특징은 은혜와 자비에 있는 것처럼 여겨진다. 하지만 곧 살펴볼 바와 같이, 이 언약들은 사실 그렇게 이질적이지 않다. 신명기와 신약성경 모두, 우리의 소망을 동일한 원천에서 찾는다. 바로 하나님의 은혜다.

더 깊은 마법

『사자와 마녀와 옷장』에서, C. S. 루이스는 '깊은 마법'과 '더 깊은 마법'의 개념을 발전시켰다.[18] 이는 신명기에서 그리스도를 어떻게 바라보는지를 헤아리는 데 도움을 주는 개념들이다. 이 책에서 사건은 주인공 중 하나인 에드먼드가 가족과 벗들을 배신하고 하얀 마녀의 편에 붙으면서 시작된다. 그 아이가 이렇게 돌아선 이유는 형제자매들이 자신을 충분히 인정해 주지 않는다고 느꼈기 때문이다. 마녀는 아이에게 온갖 관심과 호의를 베풀었던 것이다. 얼마 후, 에드먼드는 마녀에게 불순한 동기가 있었음을 뒤늦게 깨닫는다. 그러나 마녀는 아이가 더 이상 쓸모가 없게 되자, 곧바로 아슬란을 찾아가서 아이의 목숨을 자신의 전리품으로 요구한다. 소설 속의 비버 씨가 언급하듯, 마녀는 '황제의 교수형 집행인'이었다. 그리하여 그녀는 모든 배신자의 목숨을 거두어 갈 수 있었다. 에드먼드가 자신의 벗들을 저버렸기에, 마녀에게는 아이의 생명을 취할 권리가 있었다.

아슬란까지 마녀의 주장이 옳음을 인정하자, 주위의 다른 이들이 항변을 쏟아놓았다. 에드먼드의 누나인 수전이 이렇게 물었다. "하지만 우리가 그 '깊은 마법'을 어떻게 할 수는 없나요? 그 마법

---

18 C. S. Lewis, *The Lion, the Witch, and the Wardrobe* (New York: HarperTrophy, 1950), 147-82. (『사자와 마녀와 옷장』, 시공주니어)

에 맞설 길은 전혀 없는 건가요?" 이에 아슬란은 별 도리가 없다고 답할 뿐이었다. 이때 마녀가 말을 이어 갔다. "물론 아슬란은 '깊은 마법'을 잘 알지. 그는 내가 법대로 저 아이의 피를 거두지 않으면, 나니아 전체가 무너지고 물과 불로 소멸하게 되리란 걸 잘 알아." '깊은 마법' 또는 율법은 나니아 세계의 토대 자체에 기록되어 있었으며, 돌 탁자와 은밀한 언덕의 부싯돌, 그리고 바다 건너 황제(나니아 연대기에서 창조주 하나님을 상징하는 존재-역주)의 홀 위에도 새겨져 있었다. 이 율법은 황제 자신의 것이었기 때문이다.

아슬란이 모두 물러서라고 한 뒤, 마녀와 단둘이 대화를 나눈다. 그리고 다시 돌아온 그는 조용히 선언한다. "마녀가 에드먼드에 대한 자기 권리를 포기하기로 했다." 위에서 언급한 '깊은 마법'의 요구와 아슬란의 선언이 서로 명확히 대조되기에 독자들은 의문을 품게 된다. '그 마법이 충족되면서도 에드먼드가 용서받는 일이 어떻게 가능한 걸까?' 이후의 이야기는 바로 이 질문을 배경 삼아 펼쳐진다.

답은 아슬란이 에드먼드를 대신해서 마녀의 손에 자신을 넘겨주는 것으로 주어진다. 마녀는 아슬란을 결박한 뒤 돌 탁자 위에 올려놓고 예리한 돌칼로 그의 숨통을 끊었다. 그런데 모든 이가 돌아간 뒤, 돌 탁자가 둘로 쪼개지면서 '귀가 먹먹해질 정도로 큰 소리'가 났다. 수전과 루시가 그곳으로 돌아왔을 때는 아슬란이 사라지고 부서진 탁자만이 남아 있었다. 수전이 루시에게 이렇게 말한다. "이게 무슨 일이지? 또 다른 마법일까?"

그 순간, 두 아이의 뒤에서 깊고 웅장한 목소리가 들려왔다. "그래! 이건 '더 깊은 마법'이란다." 거기에는 다시 살아난 아슬란이 서 있었다. 아이들이 눈앞의 상황을 헤아리려 애쓸 때, 아슬란이 말을 이어 갔다.

"마녀는 … '깊은 마법'을 알았지만, '더 깊은 마법'이 있다는 걸 미처 헤아리지 못했지. 그녀의 지식은 그저 시간의 여명기까지만 닿아 있었거든. 하지만 마녀가 시간이 동터오기 전의 고요한 어둠 속을 들여다볼 수 있었다면, 그곳에서 또 하나의 주문을 발견했을 거란다. 흠 없고 무고한 이가 배신자를 대신해서 자기 목숨을 희생할 때, 돌 탁자가 둘로 쪼개지고 죽음의 힘 자체가 소멸하기 시작한다는 것이지."

그리고 이때부터 나니아를 뒤덮고 있던 죽음의 세력이 힘을 잃기 시작했다. 마녀의 지배는 약화되고, 온 땅이 원래의 생기와 활력을 조금씩 회복해 갔다.

성경 해석의 풍성한 보고 중 하나는 교회사 전체에 걸쳐 발전해 온 문학과 예술에서 찾아볼 수 있다. 이에 관한 연구를 '수용사'라고 부르고, 각 시대의 다양한 인물이 성경을 어떻게 받아들이고 해석해 왔는지를 다룬다. 영미권의 많은 복음주의자에게는 C. S. 루이스가 대표적인 인물로 알려져 있지만, 그 외에도 역사상 무수히 많은 이가 성경의 신비와 씨름하며 그 깊은 뜻을 알아내려고 노력해 왔다. 그러한 노력의 흔적을 다음의 여러 작품에서 발견할 수 있다. 로마 시대 지하 동굴의 프레스코화나 비잔틴 제국 시대에 중동 전역에서 만들어졌던 모자이크화, 중세 시대에 유럽 전역에서 건축된 여러 대성당, 단테의 『신곡』이나 밀턴의 『실락원』 같은 중세 저자들의 작품, 그리고 플래너리 오코너나 웬델 베리 같은 현대 작가들의 글이다. (이것들은 사실 '빙산의 일각'일 뿐이다.) 영문학의 경우에는 다음의 책이 유익한 출발점이 된다. *A Dictionary of Biblical Tradition in English Literature*.[19]

신명기와 '더 깊은 마법'

루이스의 주된 통찰은 율법과 은혜, 그리고 양자의 관계에 대한 묘사에 담겨 있다. 그가 언급했듯이, 율법 자체('깊은 마법')는 선하다. 그것이 하나님('황제') 자신에게서 유래했으며, 그분의 성품들을 드러내고 있기 때문이다. 율법은 중력의 법칙만큼이나 폐기되기가 불가능하니, 하나님 자신의 어떠하심을 반영하는 것으로서 이 창조 세계의 구조 자체에 기록되어 있기 때문이다. 하나님이 이스라엘 백성에게 율법을 계시하신 일은 그 자체로 하나의 은

---

19 David Lyle Jeffrey, ed., *A Dictionary of Biblical Tradition in English Literature* (Grand Rapids: Eerdmans, 1992).

혜였다. 하나님은 이를 통해 백성이 그분을 알며, 이 세상에서 그분이 행하고 계신 일들을 깨닫기를 바라셨다. 하지만 여기에는 한 가지 문제가 있었다. 이스라엘 백성은 본성상 반역적인 성향을 지녔기에, 율법의 요구들을 도저히 준수할 수 없었던 것이다. 그러나 하나님은 여전히 백성과의 관계에 깊이 헌신하고 계셨다. 과연 이 상황은 어떻게 해결될 수 있었을까? 하나님은 자신의 깊은 지혜로써, 그 율법에 더 오래되고 근원적인 '주문'을 기록해 두셨다. 그분은 백성의 문제를 내다보시고 이미 대비책을 마련해 두셨던 것이다. 흠 없고 완전한 이가 불완전한 자들을 대신해서 자기 목숨을 희생할 때, 그들의 죄와 허물이 사함을 받는다는 것이었다. 그런데 세상에는 그러한 존재가 아무도 없었기에, 하나님은 친히 자기 아들을 내주셨다. 그리하여 그분의 아들이신 예수 그리스도께서 우리 스스로는 도저히 성취할 수 없었던 일을 대신 이루어 주셨다.

루이스의 이 해석은 율법과 은혜에 대한 신명기의 관점을 적절히 드러내 준다. 한편으로, 신명기는 율법을 선할 뿐 아니라 우리가 마땅히 준수할 수 있는 것으로 여긴다.

내가 오늘 네게 명령한 이 명령은 네게 어려운 것도 아니요 먼 것도 아니라 하늘에 있는 것이 아니니 네가 이르기를 누가 우리를 위하여 하늘에 올라가 그의 명령을 우리에게로 가지고 와서 우리에게 들려 행하게 하랴 할 것이 아니요 이것이 바다 밖에 있는 것이 아니니 네가 이르기를 누가 우리를 위하여 바다를 건너가서 그의 명령을 우리에게로 가지고 와서 우리에게 들려 행하게 하랴 할 것도 아니라 오직 그 말씀이 네게 매우 가까워서 네 입에 있으며 네 마음에 있은즉 네가 이를 행할 수 있느니라(30:11-14)

우리 중 대다수가 구약의 율법을 낯설고 시대에 뒤떨어진 계율들로 보는 것과 달리, 이 본문에서는 하나님의 유익한 선물로 간주한다. 그러므로 신명기의 율법은 마치 나니아 연대기의 '깊은 마법'과도 같다.

그런데 다른 한편으로, 신명기에서는 먼 미래를 내다보면서 백성을 바로잡을 방편이 추가로 필요하게 될 것임을 예견한다.

내가 그들의 조상들에게 맹세한 바 젖과 꿀이 흐르는 땅으로 그들을 인도하여 들인 후에 그들이 먹어 배부르고 살찌면 돌이켜 다른 신들을 섬기며 나를 멸시하여 내 언약을 어기리니 … 나는 내가 맹세한 땅으로 그들을 인도하여 들이기 전 오늘 나는 그들이 생각하는 바를 아노라(31:20-21)

이처럼 모세는 이스라엘 백성이 율법에 순종할 것을 거의 기대하지 않는다. 그런데 흥미롭게도, 그는 장차 백성이 주님께로 돌이키며 그 땅으로 다시 돌아오게 되리라고 예언한다.

> 너와 네 자손이 네 하나님 여호와께로 돌아와 내가 오늘 네게 명령한 것을 온전히 따라 마음을 다하고 뜻을 다하여 여호와의 말씀을 청종하면 네 하나님 여호와께서 마음을 돌이키시고 너를 긍휼히 여기사 포로에서 돌아오게 하시되 네 하나님 여호와께서 흩으신 그 모든 백성 중에서 너를 모으시리니 네 쫓겨간 자들이 하늘 가에 있을지라도 네 하나님 여호와께서 거기서 너를 모으실 것이며 거기서부터 너를 이끄실 것이라(30:2-4)

여기서 한 가지 의문이 생긴다. '모세는 어떻게 이스라엘 백성의 순종을 거의 기대하지 않았으면서도, 하나님 안에서 그들에게 이처럼 밝은 미래가 있음을 내다볼 수 있었을까?'

그 답이 마른하늘의 번개처럼 잠시 스치듯 언급되는 다음의 구절에서 제시된다.

> 네 하나님 여호와께서 네 마음과 네 자손의 마음에 할례를 베푸사 너로 마음을 다하며 뜻을 다하여 네 하나님 여호와를 사랑하게 하사 너로 생명을 얻게 하실 것이며(30:6)

이 구절에 따르면, 그 답은 주님이 **친히** 백성의 마음을 변화시키신다는 데 있다. 그분은 이스라엘 백성이 성취하지 못한 일을 대신 이루실 것이다. 이를 통해, 백성은 언약의 주인이신 그분께로 다시 돌이키게 된다.

그런데 신명기에서는 그 일이 실제로 어떻게 성취되는지는 자세히 언급하지 않는다. 다만 반드시 그렇게 되리라고 밝힐 뿐이다. 그러나 구약의 다른 책들에서는 그 개념을 더 구체적으로 발전시킨다. 선지자 예레미야는 주님이 그분의 백성과 새 언약을 맺으실 것을 예언한다. 그런데 이때 옛 언약과 새 언약의 주된 차이점은 내용이 아닌 위치에 있다. 이 언약은 여전히 하나님의 율법에 근거하지만, 이제 내용은 (돌판이 아닌) 백성의 마음에 새겨질 것이다(렘 31:33). 그리하여 이스라엘 백성은 하나님께 순종하며 그분의 뜻을 받들기를 자연스럽게 갈망하게 된다. 그런데 이처럼 율법이 인간의 마음속에 새겨지는 일은 과연 어떻게 이루어지는 것일까?

선지자 에스겔은 이 질문을 다루면서, 장차 하나님이 백성 속에 그분의 영을 부어 주실 때를 내다본다.

> 〔내가〕 … 너희 모든 더러운 것에서와 모든 우상 숭배에서 너희를 정결하게 할 것이며 또 새 영을 너희 속에 두고 새 마음을 너희에게 주되 너희 육신에서 굳은 마음을 제거하고 부드러운 마음을 줄 것이며 또 내 영을 너희 속에 두어 너희로 내 율례를 행하게 하리

니 너희가 내 규례를 지켜 행할지라 … 너희가 … 내 백성이 되고 나는 너희 하나님이 되리라 내가 너희를 모든 더러운 데에서 구원하고(겔 36:25-29)

곧 하나님의 영이 이스라엘 백성 안에 임하셔서 그분의 뜻을 백성의 마음속에 새기시며, 이를 통해 그분의 율법에 순종하게 하신다는 것이다.

하지만 아직 한 가지 문제가 남아 있다. 에스겔의 예언대로 백성의 심령이 정결하게 되어, 그 안에 하나님의 영이 임하시는 일은 실제로 어떻게 이루어지는 것일까? 이에 대한 응답으로, 선지자 이사야는 고난받는 종에 관해 예언한다. 그는 흠 없고 의로운 자이면서도, 죄인들을 대신해서 고난을 겪고 죽게 될 인물이었다.

그가 찔림은 우리의 허물 때문이요
    그가 상함은 우리의 죄악 때문이라
그가 징계를 받으므로 우리는 평화를 누리고
    그가 채찍에 맞으므로 우리는 나음을 받았도다(사 53:5)

이 구절의 표현들이 마치 희생 제사를 암시하는 듯이 들리는 것은 우연이 아니다. 실제로도 그 종을 한 마리의 어린양으로 묘사하고 있다. 오늘날 우리에게는 이 개념이 이미 친숙하지만, 당시의 사람들에게는 큰 충격을 주었을 것이다. 그들은 자연히 이런 의문을 품었을 것이 분명하다. '우리의 죄를 제거해 줄 이 사람은 대체 누구일까?'

바로 나사렛 예수다. 그는 한 목수의 아들로서, 팔레스타인 시골 지역의 평범한 가정에서 태어났다. 의롭게 살고 행하는 동안에 당시의 종교 지도자들에게 노여움을 샀으며, 결국 십자가에 달려 죽게 되었다. 하지만 이사야의 예언처럼, 의인인 그가 죽임당하는 이 일을 통해 하나님의 뜻이 성취되었다. 그렇기에 그리스도는 십자가에서 숨을 거두시기 직전에 이렇게 선언했던 것이다. "다 이루었다"(요 19:30). 이때 그분은 하나님의 율법을 이스라엘 백성의 마음에 기록하심으로써, 백성을 언약의 주인이신 하나님께 영원히 결속시키셨다. 아슬란이 돌 탁자 위에서 자기 목숨을 내려놓았을 때와 마찬가지로, 그리스도의 십자가에서의 죽으심은 '깊은 마법' 뒤에 '더 깊은 마법'이 놓여 있음을 드러내 주었다. 그 내용은 곧 "흠 없고 무고한 이가 배신자를 대신해서 자기 목숨을 희생할 때, 돌 탁자가 둘로 쪼개지고 죽음의 힘 자체가 소멸하기 시작한다"는 것이었다.

새 언약을 통해 하나님을 알아 가기

하나님의 은혜는 '더 깊은 마법'이자, 옛 언약과 새 언약을 하나로 묶는 핵심 고리다. 이는 그 은혜가 하나님께 속한 백성의 영속적인 피난처인 동시에, 그분의 어떠하심을 드러내는 결정적인 특질임을 의미한다. 그리고 우리가 하나님을 참되게 알기 위해서는 바로 이 은혜를 통해 그분께 나아가야 함을 보여 주는 것이기도 하다. 그러면 우리는 이 일을 어떻게 감당할 수 있을까?

우리 중 많은 이가 은혜가 수동적이며 정적인 성격을 띤다고 착각한다. 그저 은혜의 존재를 인정하기만 하면 된다고 생각한다. 하지만 은혜는 단순한 관찰의 대상에 머물지 않는다. 오히려 우리는 은혜에 실제로 동참해야 한다. 그리고 우리는 다음의 두 가지 방식으로 그 일을 감당할 수 있다. 하나님께 온전히 헌신하며 그분의 자비를 누리는 일들이다.

은혜에 관한 어떤 설명을 들을 때, 여러분은 '그러면 굳이 하나님을 간절히 찾고 구할 필요가 없겠다'고 여길지도 모른다. 하지만 이는 진실에서 너무나 먼 생각이다. 하나님의 은혜는 내가 그분의 도우심을 절실히 바라는 상황에 있음을 전제로 삼는다. 모든 시간과 환경 속에서 그리스도를 따르려고 애쓰다가 철저히 실패하기 전까지는, 은혜가 어떤 것인지를 제대로 헤아릴 수 없다. 예를 들어, 작은 물놀이터에 앉아 있는 사람은 해변에 있는 안전 요원들의 존재를 감사히 여기지 않는다. 하지만 거센 물살에 휘말려 깊은 바다로 떠내려갔을 때, 안간힘을 다 써서 헤엄쳐 돌아오려고

하지만 이내 힘에 부쳐 물속에 고개를 처박은 채 죽음을 기다린다고 생각해 보자. 그때 안전 요원이 나타나서 목숨을 구해 준다면, 그는 요원의 존재에 깊이 감사하게 될 것이다. 은혜도 마찬가지다. 내 필요를 절실히 깨달을 때, 비로소 은혜의 소중함을 헤아릴 수 있게 된다.

이러한 관점에 근거해서, 우리는 하나님의 은혜를 제대로 받고 누리는 법을 배워 가야 한다. 사람들은 대개 자신의 필요를 인정하지 않기에 그 은혜를 멀리할 때가 많다. "물론 나도 완벽한 존재는 아니야", "사람은 누구나 실수하기 마련이지" 하면서 내 허물을 적당히 얼버무려 버린다. 하지만 문제점은 외관상 자기 잘못을 시인하는 듯하지만, 진실한 고백이 없다는 것이다. 스스로의 허물을 솔직히 돌아보지 않는다. 그저 보편적인 인간 본성에 책임을 돌릴 뿐이다.

예를 들어, 한쪽 팔이 부러져서 병원에 갔다고 하자. 그런데 의사가 어디가 아픈지 물어보자 이렇게 대답하는 식이다. "선생님도 잘 아시겠지만 누구나 어려움이 있기 마련이죠." "저도 제 몫의 문제를 겪을 뿐입니다." 완전한 시간 낭비다. 정확한 치료를 받으려면 내가 입은 부상의 내용을 최대한 자세히 설명해야 한다. 그래야 의사에게 제대로 치료받을 수 있다.

여기서 요점은 스스로를 더 깊은 자책 속에 빠뜨리라는 데 있지 않다. 그와는 정반대다. 우리는 이미 자신이 범했거나 간과한 일들에 대한 죄책감을 마음속 깊이 간직하고 있다. 따라서 우리의 허물을 시인하는 일은 우리 안에 자리 잡은 양심의 가책을 솔직히 고백하는 것일 뿐이다. 실제로 그리할 때, 우리는 그 일이 마치 깊은 물 속의 얼음 조각들을 수면 위로 꺼내 놓는 것과 같음을 발견할 수 있다. 햇빛이 조각들을 마침내 다 녹여 버릴 것이다.

하나님의 은혜는 그 햇빛과도 같다. 그 은혜는 언제나 온 세상에 내리쬐며, 우리는 늘 그 빛 아래로 나아갈 수 있다. 그런데 은혜의 효력을 실제로 체험하기 위해서는, 내 죄를 표면 위로 드러내야 한다. 이렇게 내 죄를 가지고 나아가는 일은 이론상으로는 힘들지 않아 보이지만, 실제로는 큰 용기가 필요하다. 하나님과 사람들 앞에서 모든 죄를 솔직히 고백하며 돌이켜야 하기 때문이다. 하지만 그렇게 할 때, 하나님의 성품이 지니는 **결정적인** 속성을 통해 그분을 알아 가게 된다. 그것이 바로 은혜다. 신명기의 위대한 소망은 그 은혜에 있으며, 그 은혜는 지금도 교회를 위한 영속적인 소망의 원천으로 남아 있다.

| 읽 어 볼 글 들 |

- 이사야 52:13-53:12
- 고린도전서 15:1-28

| 생 각 해 볼 질 문 |

01 '깊은 마법'과 '더 깊은 마법'의 개념이 구약과 신약을 이해하는 데 도움을 주는가? 그렇다면 그렇게 여기는 이유는 무엇인가?

_____

_____

02 "죽음의 힘 자체가 소멸하기 시작한다"라는 아슬란의 말은 무슨 뜻일까? 위에서 제시한 성경 구절들은 이 뜻을 어떤 식으로 구체화하고 있는가?

_____

_____

03 일상에서 하나님의 은혜를 실제로 체험하고 누릴 방법들로는 어떤 것이 있을까?

_____

_____

결론

신명기의 메시지는 시대를 초월하여, 각 세대의 신자들을 향해 하나님께로 나아와서 그분을 더 깊이 알아 갈 것을 촉구한다. 찰스 디킨스의 『크리스마스 캐럴』에 등장하는 현재의 유령은 이 메시지에 대한 하나의 좋은 비유다. 유령이 스크루지를 향해 이렇게 소리친다. "이리 와서 내가 누구인지를 더 자세히 살펴보게나!" 그다음에는 스크루지에게 과거의 일들과, 스크루지 자신의 선택에 따라 장차 벌어지게 될 일들을 보여 준다. 유령은 현재의 덧없음을 드러내는 동시에, **지금 이곳에서** 옳은 결정을 내리는 일의 중요성을 강조하고 있다. 이와 마찬가지로, 신명기도 우리를 향해 하나님께로 나아와서 그분을 더 잘 알아 갈 것을 요청한다. 신명기에서는 하나님이 과거에 베푸신 긍휼을 회고하며, 그분과 동행하는 미래를 우리 앞에 제시한다. 신명기의 부름은 실로 긴급한 것으로서, 결정적으로 다음의 권면을 통해 표현된다. "이제 생명을 선택하라"(30:19, NIV).

신명기의 초청은 여기서 그치지 않는다. 우리가 하나님을 알아 가는 **방편들**도 제시한다. 앞에서는 그중 다섯 가지를 살폈다. 기억과 예배, 율법과 언약, 그리고 은혜다. 신명기 1-4장은 전체의 배경 부분으로, 각 세대의 신자들이 당시 하나님과 동행했던 이스라엘 백성의 여정을 기억하면서 그 속에 늘 새롭게 동참해야 한다는 점을 드러낸다. 우리 그리스도인들은 성찬 시에 그리스도의 죽으심과 부활을 되새김으로써 그 여정에 참여할 수 있다. 이어 5-11장에서는 우리가 온전한 예배를 통해, 거짓된 우상 숭배를 벗어나서 참되고 유일하신 하나님과 동행하게 된다는 점을 보여 준다. 12-26장은 의로운 삶의 문제를 다루며, 구약의 율법이 오늘날 우리에게도 성화의 능력으로서 여전히 깊은 연관성을 지님을 보여 준다. 성찬 등의 예식들을 준수할 때, 우리는 특정한 마음의 기질들을 습득하게 된다. 그리고 그 기질들은 마침내 우리 삶 전체를 빚어 간다. 무엇보다 신명기의 주된 특징은 하나님을 향한 감사에 있으며, 우리는 성찬을 통해 그 마음의 태도를 배워 갈 수 있다. 끝으로 27-34장은 모든 논의를 마무리하면서, 우리가 계속 하나님을 알아 가기 위해 꼭 필요한 방편을 제시해 준다. 바로 하나님과의 언약이다. 앞서 언급했듯이, 언약은 하나님과 우리 자신을 더 깊이 알아 갈 수 있는 하나의 안전한 환경, 곧 '신뢰의 성소'를 제공한다는 점에서 독특한 중요성을 띤다. 결혼 관계와 마찬가지로, 여기서 요점은 버림받는 일에 대한 두려움 없이 자유롭게 본연의 모습대로 거할 수 있는 안정적인 환경이 주어지는 데 있다.

우리가 하나님을 알아 가기 위한 마지막 방편은 그분의 은혜다. 사람들은 대개 신명기의 메시지를 은혜와 연관 짓지 않지만, 은혜는 그 책의 본질적인 구조에 깊이 새겨져 있다. 신명기의 핵심적인 요청은 온 마음으로 하나님을 사랑하고 그분께 헌신하라는 것이며, 당시의 백성은 결국 이 일에 실패하고 말았다. 하지만 모세는 여전히 소망을 간직하고 있었다. 먼 미래를 내다보면서 하나의 참된 해답을 발견했기 때문이다. 그 답은 곧 그들 자신이 해낼 수 없는 일을 하나님이 친히 이루어 주시리라는 데 있었다. 그리고 회복에 대한 구약의 기대와 바람은 마침내 나사렛 예수의 삶과 죽으심을 통해 성취되었다. 이는 '흠 없고 무고한 [그분이] … 배신자를 대신해서 자기 목숨을 희생[했기]' 때문이다.[20] 신명기의 영속적인 메시지는 다음과 같다. "우리가 하나님을 참되게 알기 위해서는 은혜를 힘입어 그분 앞에 나아가야 한다." 그리고 이 은혜

---

20 Lewis, *Lion, Witch, Wardrobe*, 160.

는 최종적으로 예수 그리스도의 인격과 삶 속에서 우리 앞에 제시되었다.

이제 이 책의 논의를 마무리하려 한다. 여기서는 앞부분에 나왔던 찬송가의 가사로 끝맺는 것이 적합해 보인다. 그 내용이 신명기 전체의 메시지를 잘 요약해 주기 때문이다.

주의 귀한 은혜받고
    일생 빚진 자 되네
주의 은혜 사슬 되사
    나를 주께 매소서

이 고백이 하나님을 더 알아 가기 원하는 우리 모두의 기도가 되기를 빈다.

| 읽 어 볼 글 들 |

○ 신명기를 처음부터 끝까지 다시 읽어 보라.

| 생 각 해 볼 질 문 |

01 신명기를 읽으면서 놀랍게 여겼던 일 두 가지는 무엇인가?

_____
_____
_____

02 가장 인상 깊게 다가왔던 일 두 가지는 무엇인가?

_____
_____
_____

03 끝으로, 신명기의 내용 가운데서 더 깊이 공부하고 싶은 것 두 가지는 무엇인가?

_____
_____
_____

추천 도서

◆ 유익하고 읽기 쉬운 신명기 주석으로는 먼저 다음의 두 책을 추천한다.

Peter C. Craigie, *The Book of Deuteronomy* (The New International Commentary on the Old Testament; Grand Rapids: Eerdmans, 1976); Christopher J. H. Wright, *Deuteronomy* (New International Biblical Commentary; Peabody, MA: Hendrickson, 1996). 크레이기의 책은 특히 신명기의 역사적 배경을 자세히 다루며, 라이트의 책은 윤리와 선교의 문제에 집중하고 있다.

◆ 분량이 더 길고 자세하면서도 읽기 쉬운 주석으로는 다음의 책을 추천한다.

Daniel I. Block, *Deuteronomy* (The NIV Application Commentary; Grand Rapids: Zondervan, 2012). 내가 보기에, 현재 이 책은 영어권에서 가장 탁월한 신명기의 단권 주석서다.

◆ 그리고 전문적인 연구서들로는 다음의 두 책을 추천한다.

J. Gary Millar, *Now Choose Life: Theology and Ethics in Deuteronomy* (Leicester, UK: Apollos, 1998); Richard S. Hess, *Israelite Religions: An Archaeological and Biblical Survey* (Grand Rapids: Baker, 2007, 『이스라엘의 종교』, CLC). 밀러는 자신의 연구를 통해 신명기의 특정한 신학적 측면들, 이를테면 그 여정에 대한 강조점 등을 계속 살펴 왔으며, 이 책은 더 광범위한 독자들이 그 결과를 이해하고 받아들일 수 있게 돕는다. 그리고 히스의 작업은 다른 의미에서 우리에게 유익을 준다. 독자들이 신명기를 더 자세히 연구하는 과정에서 알게 되겠지만, 오랫동안 그 성경 본문의 역사적 맥락에 관해 복잡한 질문들이 제기되어 왔다. 히스의 책이 귀한 가치를 갖

는 이유는 신명기를 비롯한 성경 본문들의 내용을 가장 중요한 고고학적 탐구 결과들과 나란히 배치하며, 이를 통해 본문들의 역사적 맥락을 파악해 내기 때문이다. 어떤 이들에게는 다소 어렵게 여겨질 수 있지만, 본문의 역사적 배경을 다루려 하는 이들에게는 매우 유익한 자료다.